교통 통신 역사 탐험을 이끌 선생님

꼼꼼한 질문쟁이
평강 공주 지수

미래의 역사학자
도도 왕자 재현

스케치를 담당할
오드리 혜리

촬영을 담당할
전설의 흑기사 영찬

엉뚱하고 덜렁대는
바보 온달 광현

테마로 보는 우리 역사_ 교통 통신

한국사 탐험대 3

웅진주니어

웅진주니어

테마로 보는 우리 역사 한국사 탐험대 3 | 교통 통신

초판 1쇄 발행 2005년 12월 5일
초판 23쇄 발행 2011년 9월 23일

기획 | 지식탐험대 글쓴이 | 홍영의 그린이 | 박원홍
발행인 | 최봉수 총편집인 | 이수미 편집인 | 이화정 책임편집 | 한재준
디자인 | 여백 아트디렉터 | 정용기 디자인 | 이아진
마케팅 | 박창흠, 최재근, 이승아, 박종원, 신동익 제작 | 최서윤

임프린트 | 웅진주니어
주소 | 서울시 종로구 동숭동 199-16 웅진빌딩 2층
주문전화 | (02)3670-1570, 1571   팩스 | (02)747-1239
문의전화 | (02)3670-1586(편집)   (02)3670-1018(영업)
홈페이지 | http://www.wjjunior.com

발행처 | (주)웅진씽크빅
출판신고 | 1980년 3월 29일 제 406-2007-00046호

ⓒ홍영의 2005

웅진주니어는 (주)웅진씽크빅 단행본 개발본부의 임프린트입니다.
저작권자와 맺은 특약에 따라 검인을 생략합니다.
이 책은 저작권법에 따라 보호받는 저작물이므로 무단전재와 무단복제를 금지하며,
이 책 내용의 전부 또는 일부를 이용하려면 반드시 저작권자와 (주)웅진씽크빅의
서면 동의를 받아야 합니다.

ISBN 978-89-01-05373-8 74910 · 978-89-01-05077-5 74910(세트)

이 도서의 국립중앙도서관 출판시도서목록(CIP)은 e-CIP홈페이지(http://www.nl.go.kr/cip.php)에서
이용하실 수 있습니다.
(CIP제어번호: CIP2005002240)

테마로 보는 우리 역사

한국사탐험대 3 교통 통신

홍영의 | 글 박원홍 | 그림

달려라
교통 통신 코리아

머리말

어린이는 궁금증 덩어리이다. 아침에 일어나서 잠자리에 들 때까지 만나는 모든 것이 궁금증의 대상이며, 그 가운데 커다란 부분을 차지하는 것이 역사이다.

옛날에는 어떻게 필요한 물건을 구했을까, 자동차가 없던 시절에는 어떻게 먼 길을 갔을까, 옛날 사람들은 무엇을 공부했을까…….

유감스럽게도 이처럼 다양한 주제에 대한 궁금증을 곰살궂게 풀어 주는 역사책은 많지 않았다. 대부분의 역사책은 고조선, 삼국, 고려, 조선으로 이어지는 왕조의 흐름으로만 역사를 정리해 왔기 때문이다.

『한국사 탐험대』는 역사를 이루는 여러 사실들을 시대 순으로 줄 세우는 것이 아니라, 국가, 문화, 교통 통신, 과학 등 다양한 주제들의 역사를 다양하게 보여 주는 어린이 역사책 시리즈이다. 이 시리즈를 통해 어린이들은 현실의 삶 속에서 부딪히는 수많은 문제들, 수많은 궁금증들을 깊이 있고 체계적으로 풀어 나갈 기회를 갖게 될 것이다.

이 시리즈에서 각 주제의 역사를 찾아 가는 '한국사 탐험대'는 우리 주위에서 흔히 볼 수 있는 어린이 다섯 명으로 이루어져 있다. 그들은 현실에서 생긴 궁금증을 가지고 역사 속으로 뛰어들어 역사 속 인물도 만나고 역사적 사건도 목격하면서, 각 주제별로 생생하고 깊이 있는 지식 탐험을 하게 된다.

『한국사 탐험대』 3권 '교통 통신'은 교통 통신의 발달 과정을 살펴보기 위해 역사 속으로 들어간다. 오랜 옛날부터 보편적 교통 통신 제도로 자리 잡았던 역참 제도를 체험할 곳은 이 제도가 잘 정비되고 기록도 제법 남아 있는 고려 시대이다. 옛날의 특급 통신 수단이던 봉화는 조선 시대로 가서 체험할 것이다. 그리고 대한 제국으로 가서 근대 교통 통신을 마주하던 조상들의 모습을 살피고 나면, 교통 통신의 역사에 대한 지식을 얻을 뿐 아니라 교통 통신이 인간 사회에 얼마나 중요한 것인지도 새삼 발견하게 될 것이다.

『한국사 탐험대』 시리즈가 어린이들에게 역사 지식뿐 아니라 현재와 과거, 우리와 세계를 넘나드는 폭넓은 교양과 깊이 있는 사고력을 함께 안겨 주기를 바라며, 더욱 좋은 책을 만들기 위한 독자 여러분의 격려와 질책을 기다린다.

2005년 11월   『한국사 탐험대』 시리즈를 만드는 사람들

목차 — 교통 통신 역사 탐험 일정

01 옛날 교통 캠프: 14
    1279년 고려의 역참에서

첫째 일정, 고려의 역참로를 달리다   16
   청교역은 고려의 중앙 터미널   18
   혜음원은 고려의 국립 숙박 단지   26

둘째 일정, 몽고 세계 제국을 향해 가다   30
   외국 여행에는 통행증이 필요해요   32
   외국 여행에는 외국어도 필요해요   36

   ★ 물 위로는 어떻게 다녔을까   40
      - 배의 발자취

02 옛날 통신 캠프: 42
    1861년 조선의 봉수대에서

첫째 일정, 봉수대에서 국경의 움직임을 살피다   44
   봉화 피울 준비를 하라   46
   봉화를 피우지 말고 달려가서 알려라   50

둘째 일정, 파발로 국경의 움직임을 알리다   54
   정확한 보고를 위해 기록을 남겨라   56
   신속한 보고를 위해 말을 타고 달려라   60

03 근대 교통 통신 캠프:
   1899년 대한 제국 서울에서   66

첫째 일정, 근대 교통 수단을 체험하다   68
    기차와 함께 사람들의 삶이 빨라지다   70
    전차와 함께 사람들의 삶이 바뀌다   76

    ★ 기차의 발자취   84

둘째 일정, 근대 통신 수단을 체험하다   86
    전화는 절부터 하고 받으시오   88
    미래를 향해 편지를 부치다   96

□ 교통 통신 역사 탐험을 마치며 :   108

부록 : 교통 통신의 역사   114
찾아보기   124
자료 제공   132

교통 통신 역사 탐험을 떠나며

온라인 게임도 하고 채팅도 할 수 있는 우리 집 컴퓨터, 엠피쓰리 음향도 좋고 카메라 화질도 최고인 아빠 휴대 전화. 학교 갔다 와서 스트레스 쌓이면 키보드를 신나게 두드리며 게임을 하고 인터넷 채팅 룸으로 친구를 불러내어 마구 수다를 떤다.

내가 원하면 어디든지 데려다 줄 수 있는 우리 집 자동차, 막히는 길도 없이 쌩쌩 달리는 고속철. 자동차에 다용도 길도우미(내비게이션)를 달아서 처음 가는 길도 잘 찾아가고 막힐 때는 차 안에서 영화도 볼 수 있다. 하지만 휴가철에는 뭐니 뭐니 해도 고속철이 최고다. 빠르고 편하니까. 고속철을 타고 가면서 잘 터지는 아빠 휴대 전화로 자동차 타고 가는 친구한테 문자를 보냈다.

난 벌써 다 왔지롱. 너는 밤 새워! ^_^

이제부터 5박 6일 동안 그 편하고 좋은 자동차, 고속철과 이별이다. 출발할 때는 고속철을 타고 가지만, 시간의 터널을 통과하고 나면 탈것이라곤 수레나 말이 고작일 것이다. 아빠 휴대 전화를 가지고 가기는 하지만, 시간의 터널을 지나는 순간 통화는 끊길 것이다.

　언제인가 고속철을 타고 가다 갑자기 기차가 멈추었을 때 생각이 난다. 고장이 났다는 안내 방송이 나오는데, 아빠 휴대 전화는 하도 갖고 놀았더니 건전지가 닳아서 어디다 전화를 할 수도 없었다. 이제부터 바로 그런 상황으로 들어가는 것이다. 만약 선생님을 놓치기라도 하면, 아이들과 헤어지기라도 하면, 어떻게 연락을 하고 어떻게 찾을 수 있을까?

　은근히 겁이 나지만 한편으로는 해 볼 만하다는 도전 의식도 생긴다. 모든 교통과 통신을 기계에 의존하지 않고 내 손발과 내 머리로 해 봐야지! 그런 체험을 하고 나면 교통 통신의 중요성을 깊이 깨닫고, 지금보다 훨씬 더 똑똑하면서도 책임감 있는 아이가 되어 있지 않을까?

전설의 흑기사 영찬

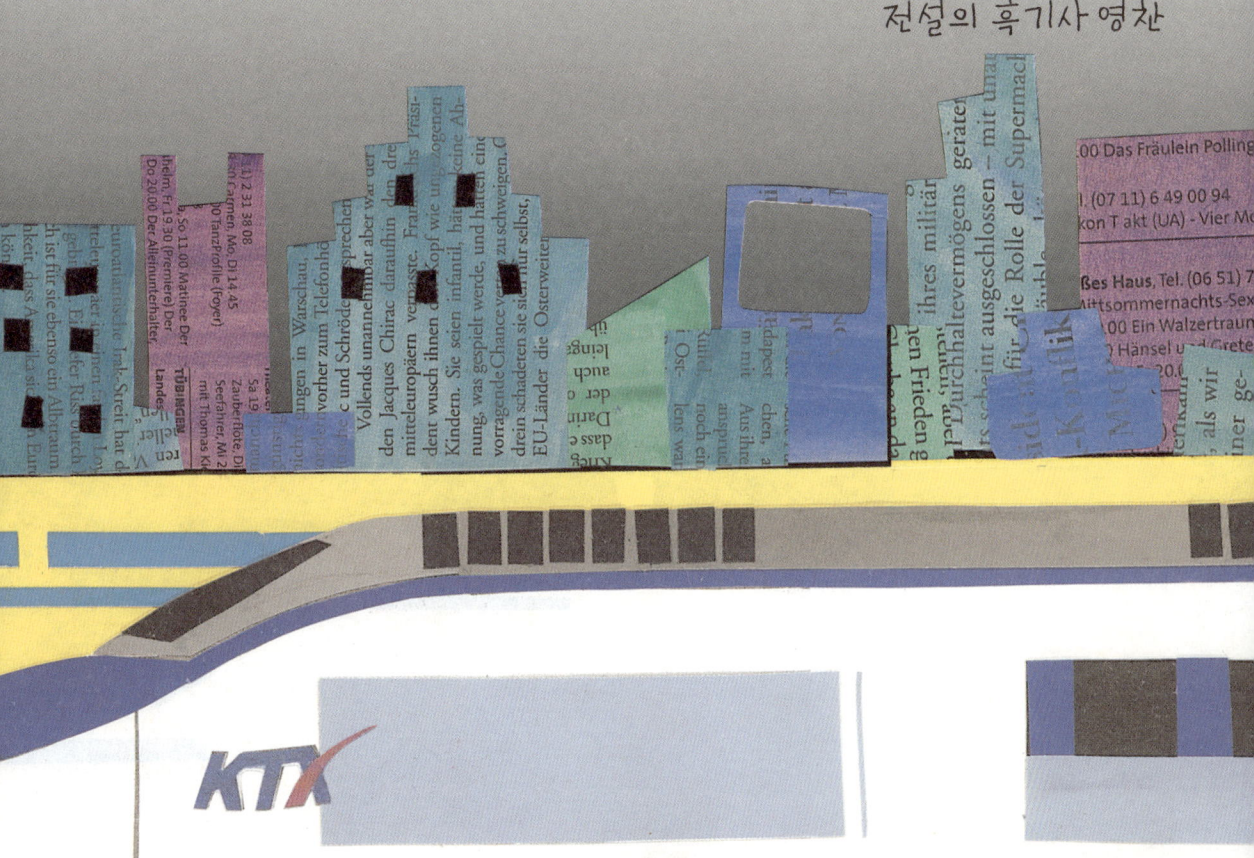

우리의 탐험은
여기서 시작됩니다.

고속철(KTX) : 2004년 4월 1일 서울-부산 간을 시속 350킬로미터로 달리며 화려하게 개통했다. 우리 나라는 프랑스, 독일, 일본, 에스파냐에 이어 다섯 번째 고속철 보유 국가가 되었다.

선사 · 고조선 · 삼한 · 삼국 · 통일 신라·발해 · **고려** · 조선 · 남북한

01 옛날 교통 캠프_ 1279년 고려의 역참에서

서울역을 떠난 고속철 특별편은 시간의 벽을 넘어 700여 년 전의 고려 시대로 우리를 데려다 주었다. 우리가 내린 곳은 고려의 수도 개경에서 남쪽 지방으로 가는 관문 청교역. 역참이라는 근대 이전의 대표적인 교통 통신 제도를 체험하는 2박 3일의 신나는 캠프가 시작되었다.

| 첫째 일정_ 고려 역참 체험 | 둘째 일정_ 원나라 여행 체험 |

1279년	첫째 일정	작성자 : 전설의 혹기사 영찬
	고려의 역참로를 달리다	

 역참 역
 역마을 참

역참
'참'은 몽고 말로 역을 가리키는 '잠'에서 유래했다. '역참'은 같은 뜻의 말을 두 번 쓴 셈이다. 우역, 역원이라고도 했다.

　우리가 도착한 청교역은 고려의 수도인 개경의 동쪽에 자리 잡고 있었다. 이름은 역이지만 우리 시대의 역처럼 기차가 들어오고 나가는 곳은 아닌 것 같았다. 어디에도 기차나 철로 같은 것은 보이지 않았기 때문이다.
　기차 대신 말들이 사람과 물건을 싣고 부지런히 오가고 있었다. 뿐만 아니라 오늘날의 역 대합실이나 역 사무실에 해당하는 건물도 있고 짐과 사람을 통제하는 역무원 같은 사람들도 있었다.
　오늘날로 치면 차량 기지창이라고 할 수 있는 마구간에서는 기차에 해당하는 말들이 다음 여행을 위해 휴식을 취하고 있었다. 그러고 보니 우리가 타고 다니는 기차를 '철마'라고 부른다는 생각이 났다. 쇠로 만든 말이란 뜻이다. 그렇다면 청교역에서 만난 말은 살아 있는 기차인 셈이다. 하나는 생물이고 하나는 무생물이지만 이 세상에 말과 기차처럼 서로 닮은 것도 없을 것 같다.

개경을 둘러싼 나성

　역 사무실로 보이는 집으로 다가가자 나이 지긋한 관리가 나오더니 우리를 맞았다. 일이 바빠서 그런지 얼굴이 붉게 상기되어 있었다.
　"어서 오시오. 개경의 관문 청교역에 오신 것을 환영하오."

그분은 자기가 이 역의 책임자인 관역사라고 했다. 그분을 따라서 안으로 들어서려는데 개경 쪽에서 푸른 관복을 입은 젊은 관리가 말을 타고 헐레벌떡 달려왔다.

"오늘도 지방으로 내려 보낼 문서가 많은가 보지?"

관역사는 그렇게 물으면서 젊은 관리가 끌고 온 말의 등에 실려 있는 가죽 자루들을 쓱 훑어보았다. 젊은 관리가 대답했다.

"많고 말고요! 첨의부(고려 전기의 상서성)에서 어찌나 까다롭게 구는지, 한나절은 허비한 것 같소."

때는 바야흐로 1279년, 개경과 지방 사이에 수많은 문서와 사람이 오가고 있던 고려의 한가운데 우리는 와 있었다.

관역사
고려 시대 역의 관리자

1279년 고려는

고려는 918년 태조 왕건에 의해 세워졌다. 당시 한반도는 통일 신라가 쇠퇴하면서 후삼국으로 나뉘어 있었는데, 이것을 다시 통일한 나라가 고려였다. 고려는 분열되었던 사람들과 문화를 하나로 모아 단일 민족 국가의 토대를 마련했다. 그 과정에서 개경을 중심으로 전국을 연결하는 교통 통신 제도도 발전하게 되었다.

1259년부터 고려는 당시 세계 제국이던 몽고의 영향을 받기 시작했다. 몽고 제국은 유럽과 아시아를 하나로 묶는 거대한 교통 통신망을 건설했는데, 이때 고려의 역참로도 대륙으로 이어지는 세계의 교통 통신망과 연결되었다.

청교역은 고려의 중앙 터미널

말에 짐을 싣는 자루
안장 위에 깔아 문서나 비품을 넣어 두는 행낭.

관역사는 젊은 관리가 마패를 가지고 있는지 확인한 뒤 역에서 일하는 역졸들을 시켜 말에 실린 짐을 내리게 했다.

"마패(61쪽 참조)는 지방으로 가다가 도중에 있는 역에서 말을 갈아 타고 갈 수 있도록 나라에서 발행하는 증표야." 하고 선생님이 설명해 주셨다.

역졸들은 가죽 자루에 담긴 문서들을 분류한 다음 다시 가지고 나왔다. 그런데 문서가 담긴 가죽 자루에는 방울이 달려 있어서 움직일 때마다 딸랑거리는 소리가 났다. 어떤 자루는 세 개가 달려 있어서 딸랑딸랑딸랑, 또 어떤 자루는 두 개라서 딸랑딸랑, 다른 자루는 하나를 달고 딸랑······.

그 모습을 보고 재현이가 이렇게 추측했다.

"저건 행선지별로 표시를 한 거야. 전라도처럼 먼 곳은 방울 세 개, 충청도처럼 가까운 곳은 한 개."

재현이는 자기가 생각해도 그럴 듯 했는지 어깨를 으쓱거렸지만, 관역사가 고개를 가로젓자 머쓱해 했다.

방울의 숫자는 문서가 얼마나 빨리 가야 하는지를 표시하는 것이라고 했다. 가장 급한 것이 3급으로 방울 셋, 2급은 방울 둘, 1급은 방울 하나라는 것이다. 방울 세 개짜리 문서는 여러 사람이 교대로 쉬지 않고 말을 달려서 최대한 빨리 수신자에게 전달하도록 되어 있었다.

혜리가 고개를 끄덕이며 말했다.

"그럼 우체국에서 편지나 물건을 보낼 때, '보통', '빠름', '등기 속달'로 구분해서 보내는 것과 비슷하네! 고려 시대나 우리 시대나 우편물 전달 방식은 크게 변하지 않았구나."

"하지만 이곳 청교역에서는 아무나 그런 우편 서비스를 받을 수 있는 건 아니란다." 하고 다시 선생님이 설명을 보태셨다.

청교역은 개경의 중앙 관청에서 지방 관청으로 보내는 공문서만 다루는 곳으로, 공무로 지방에 내려가는 관리만 이용할 수 있는 곳이었다. 고려 시대를 포함한 옛날의 교통 통신은 이처럼 주로 국가적 차원에서 이루어졌다.

지방 관아로 내려 보낼 문서를 검사하고 허가하는 관청은 첨의부라는 곳이었다. 첨의부에서 허가 받은 문서만이 청교역으로 모여서 지방으로 가기 위한 수속을 밟을 수 있었다.

개경의 궁궐이나 관청에서 근무하는 사람들이 이런 절차를 밟지 않으면 벌을 받는다고 했다. 그렇게 하지 않으면 개경에 있는 높고

> 청교역은 중앙과 지방을 오가는 공무원과 공문서들이 거쳐야 하는 곳으로 지금의 중앙 우체국이나 중앙 터미널과 같은 역할을 했다.
> 고려는 수도 개경을 에워싼 나성 바깥에 청교역을 비롯한 네 역을 두었다. 그리고 이 역들에서 각 지방으로 향하는 여행자나 문서들을 관리하고 통제했다.

개경 주변의 역들

낮은 여러 관청들이 중요하지도 않은 공문을 마구 보내 이를 다루는 역들이 고통에 시달리고 지방 고을이 쓸 데 없는 사무에 시달린다는 것이다. 청교역 같은 역의 시설을 이용할 수 있도록 마패를 내 주는 곳도 첨의부였다.

그때 문득 관역사가 재현이에게 물었다.
"아까 말할 때 '충청도'라고 한 것 같은데 거기가 어디냐?"
그러자 선생님이 씩 웃으며 재현이 대신 대답해 주셨다.
"양광도를 잘못 알고 한 소리랍니다."
그러면서 선생님은 개경의 공문서들이 전달될 고려의 지방 행정 구역에 관해 일장 연설을 시작하셨다. 충청도는 고려의 다음 시대인 조선 시대에 전국에 8도를 두면서 새로 이름 붙인 행정 구역이라고 한다. 고려는 8도가 아니라 5도 양계로 구성되어 있었고 조선 시대의 충청도, 그러니까 오늘날의 충청 남북도에 해당하는 지역은 '양광도'였다고 한다.

고려 지방 관리의 도장
고려 초기에는 지방을 호족들의 자치에 맡겼다가 차츰 중앙에서 수령을 파견했다. 그래서 개경을 중심으로 각 지방을 하나로 묶기 위해서는 효율적인 교통 통신 제도가 필요했다.

고려는 전국을 어떻게 나누었나?

문서든 사람이든 가고자 하는 곳의 주소가 분명해야 쉽게 찾아갈 수 있다. 이러한 주소의 기본은 행정 구역이다. 고려는 전국을 다섯 개의 도와 두 개의 계로 나누었는데, 이것이 오늘날로 이어지는 지방 행정 구역의 기본 틀이 되었다.

20

고려 시대와 조선 시대의 도 이름이 같은 것은 남쪽의 전라도와 경상도 둘밖에 없었다.

"너희들, 전라도가 왜 전라도인 줄 아니?"

　관역사가 선생님 설명을 주의 깊게 듣는 우리를 흐뭇하게 바라보다가 던진 질문이었다. 우리는 고개를 갸웃거리면서 그분 입만 바라보았다.

"말을 타고 서남쪽으로 내려가다 보면 전주라는 고장이 먼저 나오고 그 밑으로 나주라는 곳이 나오거든. 전주의 '전' 자와 나주의 '나' 자를 따서 전라도라고 한 것이란다."

　그러면 경상도는? 그건 바로 경주와 상주를 합친 말이었다. 모두 오늘날에도 있는 고장 이름이라서 고려가 더욱 친근하게 느껴졌다.

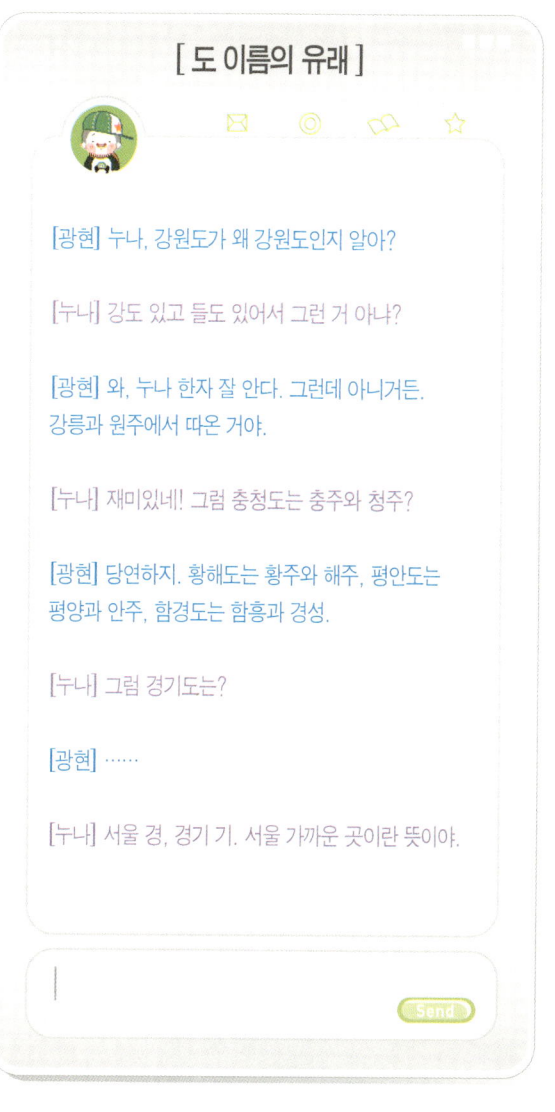

[도 이름의 유래]

[광현] 누나, 강원도가 왜 강원도인지 알아?

[누나] 강도 있고 들도 있어서 그런 거 아냐?

[광현] 와, 누나 한자 잘 안다. 그런데 아니거든. 강릉과 원주에서 따온 거야.

[누나] 재미있네! 그럼 충청도는 충주와 청주?

[광현] 당연하지. 황해도는 황주와 해주, 평안도는 평양과 안주, 함경도는 함흥과 경성.

[누나] 그럼 경기도는?

[광현] ……

[누나] 서울 경, 경기 기. 서울 가까운 곳이란 뜻이야.

　역졸들이 각자 말을 끌고 나와 방울 달린 가죽 자루를 실었다. 이제 출발이었다. 그런데 역졸 한 명이 말 한 필씩을 타고 가는데 우리는 어떻게 따라가지?

　관역사는 걱정스러운 표정으로 선생님께 물었다.

"이 아이들이 말은 타 보았소?"

　우리는 모두 선생님 얼굴만 쳐다보았다. 선생님도 난처한 듯 고개를 저었다. 관역사는 우리 얼굴만 쳐다보며 혀를 찼다. 여기까지 와서 이대로 물러설 수는 없는 일. 내가 앞으로 나서며 간청을 했다.

말은 옛날 교통 수단의 왕

말발굽에 징을 박는 것(그림)은 자동차로 치면 바퀴에 해당하는 말의 발굽이 닳는 것을 방지하기 위한 조치였다. 시속 50킬로미터가 넘는 빠른 속도로 달리고 짐을 가득 실은 수레를 끌 만큼 힘센 말은 자동차가 등장하기 전까지 단연 최고의 교통 수단이었다. 고려는 1276년 지금의 제주도에 말 목장을 두고 2, 3만 필의 말을 키워 교통에 이용했다.

"말만 제대로 타면 보내 주실 거죠? 잠시만 말 타는 연습을 하게 해 주세요. 그렇게 해서라도 꼭 가야겠거든요."

그리고는 마구간으로 달려갔다. 역졸들이 나를 막아서다 친구들이 와 소리를 지르며 박수를 치자 비켜 주었다.

"용기가 마음에 드는군. 좋아! 역참 체험을 허락하지. 하지만 조건이 있어."

관역사는 그렇게 말하면서 우리가 직접 말을 몰지 말고 역졸 뒤에 타고 가되 두 명만 가라는 조건을 제시했다. 우리는 한참 의논을 한 끝에 선생님과 나, 이렇게 두 명이 가기로 했다.

관역사는 선생님과 나를 데리고 마구간으로 갔다. 그리고는 사납게 생긴 검은 말 한 마리를 끄집어내고는 말 타는 연습을 하라며 고삐를 건네 주었다.

역졸 뒤에 타고 간다고는 하지만 도중에 무슨 일이 생길지 모르니까 말 타는 기본은 알고 있어야 한다는 것이었다.

우리는 친구들이 바라보는 가운데 한쪽 공터에서 열심히 말 타는 연습을 했다. 엎어지고 자빠지고 말에서 떨어지기를 수십 번, 쩔쩔매는 선생님과 나를 보고 친구들은 배를 쥐며 웃었고 관역사는 짐짓 똑바로 하라고 역정을 내었다. 그렇게 한나절을 꼬박 씨름한 끝에 겨우 말고삐를 잡아채고 천천히 달릴 줄 알게 되었다. 이제 조금만 더 연습하면 될 것 같았다.

"그만 하면 되었습니다. 어차피 시간도 많이 지나고 했으니 이만 출발하시죠."

관역사는 그렇게 말한 뒤 말고삐를 역졸에게 건네 주고 가죽 자루를 싣게 했다. 그리고 뒤에 남을 친구들까지 모아 놓고 다시 만날 일정에 대해 설명해 주었다.

"두 분은 역졸 일행과 함께 하루 일정 안에 있는 서원현(지금의 파주)이라는 곳까지 다녀오시구려. 그리고 나머지 일행은 사람을 붙여 줄 테니 도성으로 들어가 시내 구경을 하고 하루 묵도록 하거라."

우리는 다음 날 오후 개경 서쪽에 있는 금교역에서 만나기로 하고 그 자리에서 작별을 했다. 서로의 안녕을 빌면서.

왜 역참에 수레가 없을까

고려 시대의 역참에는 말은 있어도 수레는 없다. 수레가 교통 수단으로는 잘 쓰이지 않았기 때문이다.

고려가 낳은 대문장가 이규보(1268~1341년)의 문집에는 '정자 수레'라는 것이 나온다. 정자를 싣고 경치 좋은 곳을 찾아 다니는 데 쓰인 여가용 수레였다. 지금으로 치면 캠핑 트레일러인 셈이다. 고려의 수레는 이처럼 운반 수단이라기보다는 행락 수단이었다.

그 이전인 삼국 시대에도 수레는 교통 수단으로보다는 고구려 벽화에서 보이는 것처럼 고위 관료나 귀빈을 위한 의전용 도구로 많이 쓰였다.

왜 그랬을까? 조선 후기 실학자인 이익은 말한다.

"우리 나라는 길을 닦지 않기 때문에 수레를 실생활에 이용할 수 없다. 중국은 아무리 막히고 험한 길이라도 수레 두 채가 나란히 갈 수 있다. 우리도 옛길을 닦고 고친다면 짐을 싣는 큰 수레들도 국토의 절반이 넘는 길을 다닐 수 있을 것이다."

신라의 수레 바퀴
신라 귀족의 무덤에서 발견된 수레 바퀴 모양의 술잔. 저세상에서도 수레 타고 한 잔 걸치나 보다.

고구려 수레와 수레 바퀴 신
수레 바퀴 만드는 신은 그리스 로마 신화에도 나오지 않는다. 고구려 사람들은 수레 바퀴 신을 숭배할 만큼 수레를 사랑하고 귀하게 여겼다.

혜음원은 고려의 국립 숙박 단지

선생님과 나는 두 마리 말에 나누어 타고 청교역을 떠났다. 그리고 너른 벌판을 지나 지금의 서울 쪽을 향해 신나게 달렸다. 이렇듯 개경에서 한반도 남쪽으로 가는 길은 모두 서울로 통하게 되어 있었다. 우리 시대에 이 길은 북쪽의 개성과 남쪽의 서울을 잇는 남북 교류의 길이 되었다.

현재의 혜음령
혜음(惠陰)은 "그늘의 혜택을 받는다."는 뜻.

우리는 너울거리는 임진강을 끼고 돌아 지금의 경기도 파주시 지역으로 들어섰다. 파주 지역에도 마산역이라는 역이 있어서 그곳에서 잠시 쉰 뒤 길을 재촉하자, 울창한 숲 사이로 고갯길이 나타났다. 이 고개는 그늘이 짙어서 땀을 뻘뻘 흘리며 달려온 말이랑 사람들의 더위를 식혀 주었다. 지나가는 사람들이 그늘의 은혜를 입는 고개라고 해서 '혜음령'이라고 부른다고 했다. 바로 이 고개 위에 목적지인 혜음원이 있었다.

'원'이란 역과 역 사이를 오가는 여행자들에게 휴식과 식사를 제공하는 곳으로 일종의 국립 숙박 단지였다.

서산에 해가 뉘엿뉘엿하고 있었다. 우리는 혜음원에서 잘 방을 구해 짐을 풀고 간단히 몸을 씻었다. 저녁 식사로는 잡곡밥 한 그릇과 장국이 나왔는데, 워낙 배가 고팠던지라 금방 해치웠다. 그리고 밖으로 나가서 선생님과 함께 혜음원 주변을 둘러보았다.

원 (院)

고려는 중요한 길목에 원을 두어 여행자에게 숙식을 제공하고, 지방 고을에는 관(館)을 두어 손님을 접대했다. 원은 역과 같은 장소에 있는 경우가 많아서 역과 원을 합쳐 '역원'이라고도 불렀다. 혜음원은 1122년에 완공되었고 그 안에는 27동 이상의 건물이 있었다.

혜음원 터
아래쪽에서 위로 올라가면서 9단 짜리 계단 모양의 대지를 깎고 27동의 각종 건물을 지었다. 경기도 파주시 광탄면 용미4리.

혜음원 기와
혜음원 터에서 발굴된 기와 조각을 쌓아 놓은 모습.

고려의 침통과 술병
혜음원에 술이 있는 것은 당연한 것처럼 보이지만, 의원이 있는 것은 뜻밖일 수도 있다. 옛날에는 이처럼 여행지에 자리 잡은 숙소가 환자를 치료하는 병원 역할도 했다.

혜음원은 도적이나 맹수의 침입을 막기 위해 성곽처럼 높은 담장을 두르고 있었고, 혜음사라는 절과 이웃하고 있었다. 또 담장 한쪽에 나 있는 문은 굳게 잠겨 있었는데, 그 문은 왕이 행차할 때 머무는 별원과 연결되어 있다고 했다. 그 별원까지 합치면 4천 평이 넘는 대규모 숙박 단지였다.

혜음원은 저녁인데도 수많은 사람들로 붐비고 있었다. 어떤 방에서는 사람들이 탁주를 한 잔 걸쳤는지 창문 밖으로 구성진 소리 가락이 새어나오는가 하면, 또 어떤 방에서는 상인들이 포목을 정리하는 모습이 창호지를 통해 어른거렸다. 혜음사에서 만든 종이며 술, 소금이랑 불교 용품을 판매하는 점포도 있었고, 상인들의 물품을 사거나 물건을 받아 놓고 자금을 꿔 주는 곳도 있었다.

"비키시오!"

갑자기 성문이 열리더니 스님 두 분이 노인 한 명을 부축하고 사람들을 헤치며 달려 들어왔다. 노인은 피를 흘리고 있었다. 사람들이 모여들었고 스님들은 노인을 한쪽 방으로 데리고 가서 뉘였다.

"범한테 물렸대."

"아니야, 세금으로 바칠 포목을 들고 가다가 도적한테 걸려서 다 털리고 흠씬 얻어 맞았대."

사람들 사이에서 온갖 추측이 흘러나오는 가운데 어디선가 두루마기를 입은 의원이 나타나더니, 급히 방으로 들어가 노인을 살폈다. 그 방 안에는 약을 넣어 두는 함도 있고 약의 재료가 벽에 걸려 있기도 했다. 혜음원을 운영하는 혜음사에서 행려병자나 여행 중 다치거나 병든 사람들을 보살피기 위해 긴급 구호 시설을 둔 것이었다.

신음을 하던 노인이 약을 먹고 잠들자 선생님과 나도 잠을 청하러 숙소로 발걸음을 옮겼다. 은은한 경 읽는 소리가 들려 오는가 싶더니 멀리서 호랑이 울음소리도 들려 왔다. 갑자기 무서운 생각이 들어 연거푸 하품을 해대며 빨리 자자고 했다.

"피곤한 게 아니라 무서운 게로구나. 그래, 이제 그만 들어가자."

선생님 말씀이 떨어지기 무섭게 방에 들어서는 순간 퀴퀴한 냄새가 코를 찔렀다. 아마도 아까 함께 온 역졸들의 발 냄새인 모양이었다. 그래도 어쩔 수 없잖아? 밖에서 이슬 맞으며 날밤 새울 수도 없고. 투덜거리면서 잠을 청했고 이내 곯아 떨어졌나 보다. 이튿날 아침 역졸들은 이렇게 투덜거렸다.

"조그만 녀석이 웬 코를 그렇게 곯아? 너 때문에 잠을 설쳤잖아!"

고려의 역참 노선

고려에는 개경을 중심으로 525군데의 역이 있었고, 이 역들은 모두 22개의 길로 묶여 있었다. 525군데의 역에는 모두 농사 지을 땅을 주어 거기에서 벌어들이는 수입으로 역을 운영하고 말을 키우도록 했다.

이처럼 촘촘하고 튼튼한 역참망을 통해 공문서를 전달하고 관청 간에 연락을 했으며, 지방에서 세금으로 내는 곡식과 특산물도 수도인 개경으로 운반했다. 조선 시대의 암행어사처럼 역을 통해 지방으로 내려가 몰래 관리들의 비리를 조사하는 왕의 특사도 있었다.

이처럼 역참은 국가의 공적인 일에만 이용할 수 있었으나, 개인적인 용무라고 해도 국가적으로 중요한 일이면 특별히 이용할 수 있도록 허가하기도 했다.

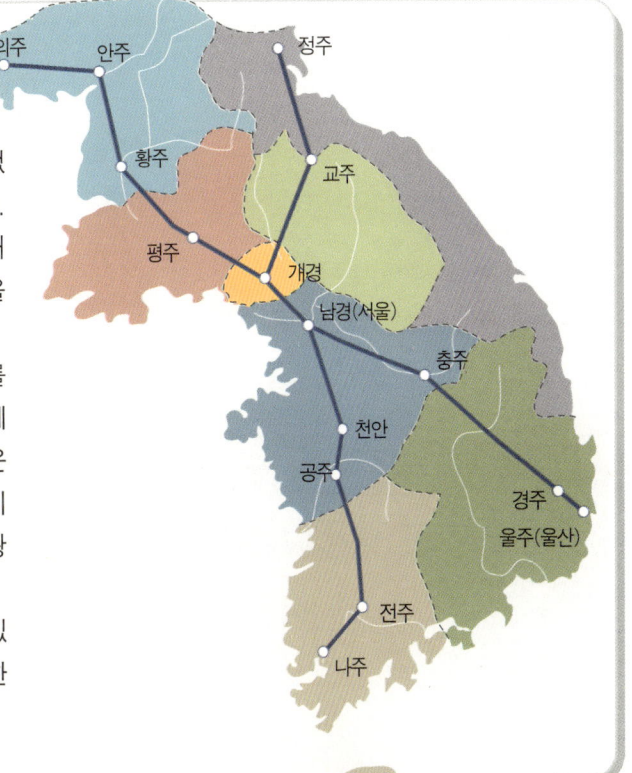

| 1279년 | 둘째 일정 | 작성자: 전설의 흑기사 영찬 |
| | 몽고 세계 제국을 향해 가다 | |

청교역에서 혜음원까지 우리를 태워 준 역졸들은 아침을 먹자마자 전라도를 향해 달렸다. 그들과 헤어진 우리는 지금의 서울 쪽에서 올라오는 전령들의 말을 타고 개경으로 돌아갔다. 전령들은 개경 성곽을 남쪽으로 빙 둘러 가서 친구들과의 약속 장소인 서쪽의 금교역으로 우리를 데려다 주었다.

금교역은 전날 방문했던 청교역과는 분위기가 많이 달랐다. 사람들도 훨씬 많고 고려 사람들뿐 아니라 변발을 한 몽고 사람, 피부색이 붉거나 흰 서양 사람들도 적지 않았다.

청교역이 개경에서 고려의 남쪽 지방으로 가는 국내용 터미널이라면 금교역은 국내외 사신들을 마중하고 배웅하는 국제 터미널이었다.

사람들은 이곳에서 북쪽으로 올라간 뒤 압록강을 건너 만주 벌판으로 들어간다고 했다. 그러면 거기서부터는 원나라*, 아시아와 유럽을 거미줄처럼 엮어 놓은 몽고 세계 제국의 교통망이 시작된다(39쪽 참조).

친구들은 개경의 시장 거리에서 겪은 이야기를 들려 주었다. 가장 재미있는 것은 시장 거리에서 '쌍화'라고 불리는 만두를 사 먹은 이야기였다. 쌍화점이라는 만두 가게에 들어갔는데 값을 치를 고려 돈이 없었다. 그때 재현이가 주머니 속에 있던 요즘 천 원 짜리 지폐를 내밀었다고

*원나라는 몽고인이 중국을 정복하고 그곳에 세운 나라였다.

고려 시대 지폐
'보초'라고 불린 원나라 지폐는 몽고 제국의 영향이 미치는 곳에서 두루 쓰였다.

지원통행보초
원나라에서 쓰이는 지폐라는 뜻이다.

한다. 상업이 발달한 이 당시 고려에서는 지폐도 쓰인다는 것을 알고 혹시나 해서 내밀어 봤다는 것이다.

그런데 만두 가게 주인은 바빠서 그랬는지 자세히 보지도 않고 그 돈을 받아 넣었다고 했다. 흠, 재현이 말을 어디까지 믿어야 하지? 그러고 있는데 고려 사람으로 보이는 삼십대 중반의 남자가 우리 쪽으로 다가오자 친구들은 그 사람에게 손을 흔들며 반가워 했다. 광현이가 그 사람을 선생님께 소개했다.

"이 아저씨는 김천이라는 분인데요, 어제 시장에서 만났어요. 오늘 여기서 원나라로 떠나신대요."

여행 채비를 단단히 갖춘 그 사람은 원나라 요양이라는 곳에 계신 어머니를 찾아 먼 길을 떠난다고 했다. 우리도 그분을 따라서 가는 데까지 가 보기로 했다.

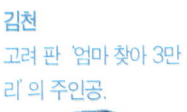
김천
고려 판 '엄마 찾아 3만 리'의 주인공.

|1279년 세계는|

고려는 1231년부터 30년 가까이 몽고 침략군에 맞서 싸운 끝에 나라는 지켜냈으나, 몽고의 내정 간섭을 받게 되었다. 당시 몽고는 이미 중국을 정복하여 그곳에 원나라를 세우고, 이 나라를 중심으로 유럽과 아시아에 걸친 대제국을 운영하고 있었다.

국경선이 사라진 유라시아 대륙은 몽고의 역참 제도에 의해 촘촘히 연결되었고 그 위에서 동서 문명의 교류가 활발히 이루어졌다. 어떤 학자들은 몽고 제국에서 일어난 이러한 문명 교류를 현대의 세계화에 앞선 1차 세계화라고 말한다.

외국 여행에는 통행증이 필요해요

김천은 고려의 관리 일행과 함께 원나라로 간다고 했다. 개인 자격으로 원나라에 들어가는 것은 불가능했기 때문에 공적인 일로 가는 행렬에 끼어들었던 것이다.

역에 잠시 풀어 놓은 김천의 짐에는 반짝거리는 은이 가득 들어 있었다. 김천은 어떤 사람이기에 그렇게 많은 은을 가지고 있으며, 그의 어머니는 또 어떻게 해서 머나먼 원나라에 있을까? 이런 궁금증을 가지고 있던 참에 광현이가 김천에 관한 이야기를 들려 주었다.

원나라 통행증
몽고 제국의 역참은 국가의 공무로 여행하는 전령이나 관리, 외국 사신들만 사용할 수 있었다. 이들은 반드시 패자(牌子)라는 통행증을 보여 주어야만 했다.

광현이는 전날 시장에서 김천을 처음 봤을 때는 그 아저씨가 미친 사람인 줄 알았다고 했다. 해진 옷을 입은 남자가 시장 한복판에서 허공에다 대고 소리를 지르고 있었기 때문이다.

"야! 이제야 어머니를 구할 수 있게 되었구나!"

시장을 지나던 사람들이 그 주위에 모여들어 김천에게 무슨 일이냐고 물었다. 그러자 아저씨 옆에 있던 스님이 대신 대답했다.

"이 사람은 내 고향 친구인데 20년 전에 어머니와 동생이 몽고 병사들에게 끌려갔어요. 그때 이 사람 나이가 겨우 열 다섯이었는데 너무 슬퍼서 밤낮 없이 울었답니다. 몽고 군에게 끌려가던 사람들이 길에서 많이 죽었다는 말을 들었죠. 그래서 자기 어머니도 돌아가셨다고 생각하고 상복을 입었어요."

그런데 6년 전, 원나라를 다녀온 어떤 사람이 개경의 시장 거리에 나타나 미친 듯이 김천을 찾아 헤맸다. 가까스로 김천의 친구를 만난 그 사람은 김천의 어머니가 원나라에서 살아 있다는 소식을 전해 주었다. 김천의 어머니가 쓴 편지도 가지고 있었다. 그 편지에는 이런 글이 씌어 있었다고 한다.

"나는 천신만고 끝에 살아서 원나라 사람의 종이 되었습니다. 굶주려도 먹지 못하고 추위도 입지 못하며, 낮에는 밭을 매고 밤에는 방아를 찧으며 어렵게 살고 있습니다. 내가 이처럼 살아 있다는 사실을 누가 자식에게 알려 줄 수 있겠습니까?"

이 편지를 받아 읽은 김천은 편지를 부여잡으며 통곡했다. 그날 이후 식사할 때면 목이 메어 음식이 넘어가지 않았다. 하루 빨리 가서 어머니를 모시고 오려고 했지만 가난한 김천에게는 돈이 없었다. 어머니가 살아 있다는 원나라 요양까지 가는 비용도 비용이거니와 종살이를 하는 어머니와 동생을 데려오려면 몸값을 치러야 했는데 그것도 만만한 액수가 아니었다.

시골에 살던 김천은 주위에서 은을 빌려 겨우 필요한 비용을 마련해서 개경으로 올라갔다. 그러나 그것으로 다 될 문제는

정복지 백성을 끌고 가는 몽고군

몽고와 고려의 전쟁

1231년 몽고가 고려에 쳐들어온 것은 중국의 금나라와 남송을 공격하는 작전의 일부였다. 그러나 손쉽게 굴복시킬 줄 알았던 고려는 뜻밖에도 30년 가까이 끈질기게 저항했다. 그동안 고려 조정은 강화도로 옮겨가 있었기 때문에 본토에서는 많은 백성이 몽고군에게 짓밟히고 끌려가는 고통을 당했다.

아니었다. 당시에는 외국 여행에 엄격한 제한이 있어서 돈만 있다고 누구나 갈 수 있는 게 아니라 관청의 허락을 받아야 했기 때문이다.

그런데 조정에서는 김천의 사정을 다 듣고도 원나라 행을 허락하지 않았다. 이듬해 충렬왕이 원나라에 간다는 소식을 듣고 그 행렬을 따라가려고 다시 관청에 가서 빌었지만 또 한번 거부 당했다.

개경에 머물며 그렇게 빌고 또 빈 5년 동안 김천의 옷은 해어지고 양식은 떨어져 갔다. 바로 그때 김천이 길에서 만난 사람이 고향 친구인 스님이었다.

때마침 스님의 형이 개경에서 벼슬을 하고 있었는데, 그분이 원나라 요양에 들어갈 일이 생겼다. 스님은 형에게 친구인 김천의 딱한 사연을 들려 주며 요양까지 데리고 가 달라고 부탁했다. 드디어 김천에게 어머니를 찾아갈 수 있는 길이 열리게 된 것이다.

이야기를 다 듣고 난 선생님은 걱정스러운 표정을 지으면서 김천에게 말을 건네셨다.

"말씀을 듣고 보니 선생의 효심이 눈물겹군요. 그런데 어머니의 편지를 받은 지도 이미 6년이나 지났으니 지금까지 살아 계신지 알 수 없잖아요? 요양까지 가시려면 한 달은 족히 걸릴 텐데 도중에 도적이라도 만나면 공연히 몸만 다치고 돈만 빼앗길까 걱정입니다."

하지만 김천의 결심은 단단했다. 아저씨는 옷고름을 고쳐 매면서 선생님께 말했다.

"아들이 되어 어머니 소식을 듣고 어떻게 몸을 아낄 수 있겠어요? 차라리 가서 못 뵙게 되는 한이 있더라도 가야죠."

김천은 고마운 친구 스님의 배웅을 받으며 고려의 사신 일행을 따라나섰다. 우리도 김천을 따라 금교역에서 원나라로 가는 길로 들어섰다. 머릿속으로 광활한 몽고 초원을 떠올리며. 그리고 김천이 어머니와 동생을 만나기를 기원하며.

|김천과 원나라의 고려 사람들|

김천은 원나라 군졸의 집에서 어머니를 만났다. 어찌나 비참한 모습이었던지 처음에는 알아보지 못했으나, 곧 어머니라는 걸 확인하고는 부둥켜안고 눈물을 흘렸다. 곧 이어 동생 김덕린도 만날 수 있었다.

그러나 김천은 어머니와 동생을 둘 다 데리고 갈 수는 없었다. 자신이 가지고 갔던 두 명 몫의 은값이 갑자기 한 명 분으로 떨어졌기 때문이다. 고려에서 수많은 사람들이 처자와 부모를 찾기 위해 은을 들고 가는 바람에 빚어진 일이었다. 어떤 사람은 고려 인삼을 들고 갔지만 이것도 헐값이었다. 원나라에 포로로 잡혀 간 고려 사람이 21만여 명에 이르렀다니, 그 가족들이 고려에서 은과 인삼을 싸 들고 들어갔으면 그 값이 떨어질 수밖에 없었을 것이다.

김천은 눈물을 머금고 일단 동생을 둔 채 어머니만 모시고 고려로 돌아가야 했다. 그러나 이 의지의 사나이는 다시 6년 후 동생마저 찾아와 죽을 때까지 화목하게 지냈다고 한다.

김천이 어머니의 몸값을 치르다

조선 시대에 김천 이야기를 그린 「오륜행실도」

외국 여행에는 외국어도 필요해요

*치
벼슬아치, 장사치, 속어인 양아치 등의 '치'는 몽고 관리 다루가치에서 나온 말이다.

청교역과 달리 금교역에서는 여러 나라에서 온 사람들이 눈에 띄었다. 김천처럼 원나라로 가는 고려 사람들은 물론, 원나라가 고려 내정에 간섭하기 위해 파견한 '다루가치*'라는 관리, 원나라 황실이 믿는 종교인 티베트 불교의 승려, 원나라에서 고려로 장사하러 오는 중국인, 푸른 눈의 서역인……. 이런 외국인들이 저마다 다른 언어로 이야기를 하고 있었다.

이런 금교역을 떠나 국경인 압록강변의 의주까지 가는 동안에는 마흔 곳에 가까운 역참을 거치게 되어 있었다. 지금의 평양이 그 중간 지점이었다. 우리는 평양에 미치기 전 평주란 곳에서 하룻밤을 지내고 김천 일행과 헤어지기로 했다.

저녁을 먹고 잠시 쉬는데, 관복을 입은 한 남자가 다가와 알아들을 수 없는 말로 무어라고 물었다. 그러자 중국어를 좀 배웠다는 지수가 나섰다.

"니하오(안녕하세요)?"

상대는 알아듣는 듯하더니 또 뭐라고 물어왔다. 지수는 그 말을 한 마디도 못 알아들었지만 또 당차게 말했다.

고려 시대에도 외국어는 출세의 지름길

고려 때 대외 교류를 담당한 사람들은 통사, 역자 등으로 불리던 통역관들이었다. 이들은 통문관(전기의 예빈성)이라는 관청에서 실시한 시험을 보고 선발된 사람들이었다. 시험 보는 외국어는 중국어·몽고어·여진어·일본어 네 가지였다고 한다. 몽고의 간섭을 받기 전에는 중국어, 그 다음에는 몽고어가 가장 중요한 외국어였다.

"워먼스한궈렌(우리는 한국인입니다)."

남자는 고개를 갸우뚱거리며 더욱 알 수 없다는 표정을 지었다. 그때 김천 일행에 섞여 통사(통역관)와 이야기를 나누던 재현이가 통사에게서 무슨 책을 받아 들고 달려왔다. 재현이는

"지수야, 이 사람은 중국 사람이 아니라 몽고 사람이래!"

하더니 책을 보며 그 몽고 사람에게 말했다.

"비 솔롱고스 훙(저는 고려 사람입니다). 미니 네르 재현(제 이름은 재현입니다)."

재현이가 하는 말을 듣고 몽고 사람은 고개를 끄덕이며 뭐라고 하더니 재현의 머리를 쓰다듬었다. 그때 통사가 와서 그 사람과 이야기를 나누게 되자 우리는 자리를 비켜 주었다.

지수는 자존심이 상한 듯 새침한 얼굴로 있다가 재현이가 들고 있던 책을 낚아챘다. 한자로 씌어진 휴대용 몽고어 회화집이었다.

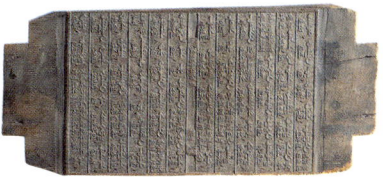

청어노걸대판
중국 여행 중 만나는 여러 가지 경우에 대비한 중국어·몽고어 회화집 『노걸대』의 조선 시대판. '노걸대'는 중국을 뜻한다.

몽고의 역참병
정예 기병으로 이루어진 몽고의 역참 부대는 24시간 내내 가동하기 위해서 달리는 말에서 먹고 자며 60킬로미터마다 설치된 역참에서 교대를 했다.

지수가 그 책을 보면서 끙끙거리자 재현이가 말했다.
"그냥 보면 어려워서 몰라! 통사 아저씨가 알려 주신 건데, 솔롱고스는 무지개라는 뜻이래. 몽고에서는 우리나라를 무지개 뜨는 나라로 보고 그렇게 불렀다더라. 그리고 홍은 나라, 네르는 이름이란 뜻이야."
그 때 통사가 몽고 사람과 헤어져 우리에게로 왔다. 지수랑 재현이와 이야기를 나눈 그 외국인은 고려로 파견되었던 다루가치인데, 원나라로 돌아가는 길이라고 했다. 김천은 지수의 머리를 쓰다듬으며 중국어를 잘 한다고 칭찬해서 지수의 '약간 상처 받은' 자존심을 세워 주었다.

초등학생인 우리 입에서도 중국어와 몽고어가 튀어나올 정도로 고려는 국제화된 나라였다. 그건 물론 세계 제국인 몽고와 관계를 맺고 있었기 때문이다. 그곳으로 먼 길을 가는 사람들은 일찍 잠을 청했다.
몽고 제국의 역참로를 따라 유라시아 대륙을 횡단하려면 시간이 얼마나 걸렸을까? 고려의 개경에서 원나라 수도인 대도(지금의 베이징 부근)까지는 대략 한 달이 걸린다고 했다. 이것도 긴 시간이지만 역참로를 종주하려면 이 정도는 몸 풀기에 불과했다.
원나라 수도에서 5천 킬로미터나 떨어져 있는 서쪽 끝의 바그다드나 모스크바까지는 숙련된 역참병이 말을 타고 최대한 빨리 달려도 200일 넘게 걸린다고 한다. 그 먼 길을 못 가 보는 게 아쉽다고 해야 할지 다행이라고 해야 할지 모르겠지만 우리의 역참 체험은 거기서 끝났다.

몽고 세계 제국의 역참 제도

몽고 제국은 원나라와 4대 칸국을 포함하는 세계 제국으로 흑해 동쪽에서 중국까지 유라시아 대륙을 관통하는 교통망을 활짝 열었다.

몽고 제국은 중요한 노선을 따라 일정한 간격으로 역을 두었는데, 이걸 몽고 말로 '잠'이라고 불렀다. 잠에는 숙박 시설과 수레나 말, 필요한 식량 등이 준비되어 있었다.

원나라에 설치된 잠만 해도 1,519군데에 이르고 그곳에 비치된 말과 노새가 5만 마리, 소가 9천 마리, 수레가 4천 량, 배가 6천 척에 이르렀다고 한다. 원나라만 해도 이 정도인데 주위의 모든 영토에 있던 잠과 장비를 계산하면 상상할 수 없이 많은 수와 양이 나올 것이다.

이러한 교통로를 이용하여 많은 서양 사람들이 원나라의 수도인 대도를 방문했고, 그 중 몇 사람은 기록을 남겼다. 로마 교황의 사도였던 플라노 카르피니, 모로코의 여행가 이븐 바투타 등이 그들인데, 가장 널리 알려진 인물은 『동방견문록』을 남긴 이탈리아의 마르코 폴로일 것이다.

몽고군 앞에서 죽다 살아난 유럽
1242년 바투가 이끄는 몽고군은 동유럽의 폴란드와 헝가리를 휩쓸며 서유럽으로 진군해 갔다. 그러나 당시 몽고의 최고 지도자 오고타이가 죽었다는 소식이 역참로를 타고 전해지자, 몽고군은 발길을 돌렸고 서유럽 사람들은 가슴을 쓸어내렸다. 덕분에 서유럽은 파괴를 면했을 뿐 아니라 몽고 제국을 통해 받아들인 동양의 앞선 문화를 바탕으로 성장할 수 있었다.

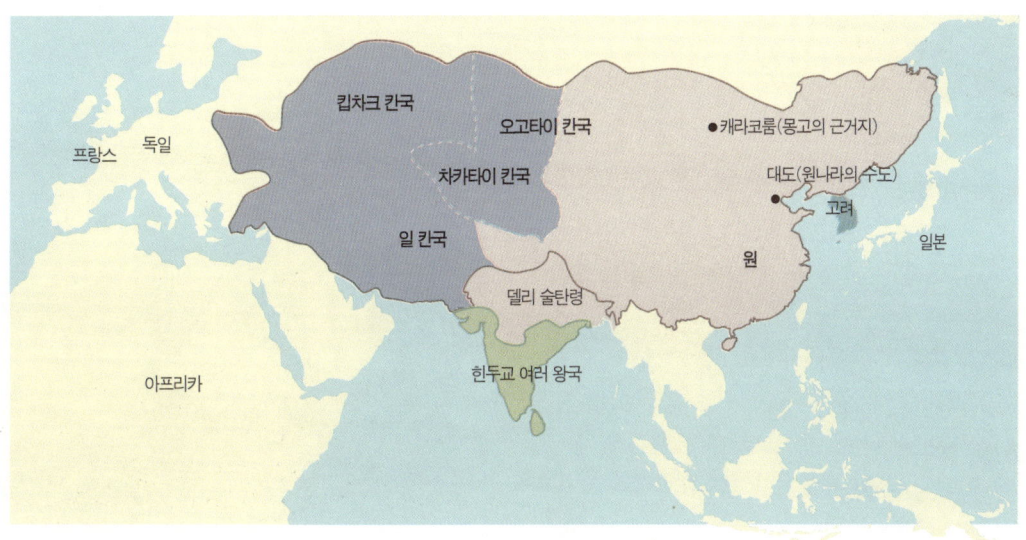

물 위로는 어떻게 다녔을까 - 배의 발자취

역참로는 땅 위의 길이다. 그런데 길을 가다 보면 강을 건너야 할 때도 있다. 옛날에 많은 짐을 갖고 움직일 때는 육지보다 바다로 가는 게 효과적이었다. 강과 바다를 건너는 배의 역사는 수레의 역사만큼이나 오래 되었다.

1. 사람의 힘으로 움직이는 배

땅 위의 말이 수레를 끄는 것처럼 물 속에도 배를 끌어 주는 동물이 있으면 좋았겠지만, 유감스럽게도 인류는 오랫동안 사람의 힘만으로 배를 움직였다. 처음에는 손으로, 그 다음에는 물갈퀴로 물을 젓다가 노를 발명하게 되었다. 우리 조상들은 선사 시대부터 통나무배나 뗏목을 타고 노를 저어 나가 바다까지 나가곤 했다.

울산 반구대 바위그림에 그려진 선사 시대의 고래잡이 배.

경상 북도 경주 금령총에서 발견된 신라 시대의 배 모양 토기. 오른쪽 토기의 높이가 9.8센티미터이다.

경주 안압지에서 나온 신라 배. 우리 나라에서 가장 오래된 배.

누른 빛의 포목으로 짠 돛을 달고 한강을 누비던 조선 시대의 황포 돛배.

2. 바람의 힘으로 움직이는 배

노를 젓던 뱃사람들은 바람이 배를 밀어 주면 쉽게 앞으로 나갈 수 있다는 것을 알게 되었다. 그래서 돛을 발명했다. 인류가 돛을 사용한 사례는 멀리 고대 이집트 벽화에서도 찾아볼 수 있다. 우리 나라에서는 세금으로 바칠 곡식을 실어 나르는 조운선, 일본에 갈 사신을 싣고 가는 사선, 군인과 화포를 싣고 움직이는 판옥선 등이 모두 돛과 노를 함께 사용해 강과 바다를 누볐다.

17세기 네덜란드 동인도 회사의 범선.

3 스스로 움직이는 배

19세기 들어 증기 기관이 발명되자 배의 역사도 바뀌었다. 처음에는 돛을 그대로 단 채 물레방아 바퀴 같은 외륜을 증기 기관으로 움직였다. 증기선을 정기 항로에 처음으로 띄운 사람은 미국의 기술자 풀턴이었다. 그러나 19세기 후반 프로펠러 모양의 추진기를 단 철선이 등장하면서 노와 돛은 여가용으로 물러나게 되었다.

근대 초기에 한강을 다니던 소형 증기선. 황포 돛을 달고 있다. 인천-마포 간을 운행하는 증기선이 처음 모습을 나타낸 것은 1888년이었다.

조선 시대 선박 통행증.

증기 기관을 갖춘 배를 증기선이라고 하는데 줄여서 '기선'이라고 한다. 그 후 기계의 힘으로 추진되는 배를 모두 기선이라고 부르게 되었다.

선사 · 고조선 · 삼한 · 삼국 · 통일 신라·발해 · 고려 · **조선** · 남북한

02 옛날 통신 캠프 _ 1861년 조선의 봉수대에서

고려의 평주역에서 잠든 우리가 깨어났을 때 주위는 600년 뒤의 조선 시대 북쪽 국경으로 바뀌어 있었다.
그곳은 두만강 너머 국경 지대를 감시하던 무이진이라는 초소로, 봉수대가 설치되어 있었다.
국경에서 일어난 긴급한 일을 봉화와 파발이라는 수단으로 서울까지 알리는, 긴장감
넘치는 통신 체험 2박 3일!

| 첫째 일정_ 봉수대 체험 | 둘째 일정_ 파발 체험 |

1861년	첫째 일정	작성자: 전설의 흑기사 영찬
	봉수대에서 국경의 움직임을 살피다	탐험왕

烽 봉화 봉
燧 부싯돌 수

봉수
봉(烽)이란 홰(炬)에 불을 켜서 서로 알게 하는 것으로 밤에만 썼다. 낮에는 수(燧), 즉 나무에 불을 피워 그 연기를 서로 바라보게 했다.

우리는 전쟁을 다룬 사극에서 본 듯한 보루 안에서 깨어났다. 눈을 비비고 보루 밖으로 나가 보니 창과 활을 든 험악한 인상의 병졸들이 뻣뻣한 자세를 한 채 왔다갔다 하고 있었다.

이 보루는 꽤 높은 곳에 자리 잡은 듯, 가까운 곳에 산봉우리가 바라보였다. 그 산봉우리 위에 돌로 쌓은 제단 같은 것이 보였고 산등성이 아래로는 굽이쳐 흐르는 강물이 내려다보였다.

가방을 더듬어 선생님이 미리 주신 일정표를 꺼내 보았다.

"'두만강변 국경에서 봉수와 파발을 체험한다.' 그렇다면 저 아래 흐르는 강물은 두만강이다!"

하고 혼잣말을 하면서 보루 쪽을 돌아보자, 여러 채의 건물이 늘어서 있고 깃발들이 나부끼고 있었다. 그 깃발 중 하나에 이런 글자가 씌어져 있었다. '撫夷鎭(무이진)'

다시 일정표를 보았다. 아하, 그렇구나! 그곳은 함경도 경성 근방의 국경 지대에 자리 잡은 무이진이라는 최전방 초소였다. 그리고 산꼭대기에 보이는 제단 같은 것은 국경에서 긴급한 일이 벌어졌을 때 봉화를 피워 서울까지 알리는 망덕산 봉수대였다.

우리는 하룻밤 사이에 600년 가까운 세월을 건너뛰어 1861년 가을의 두만강 국경 초소로 이동했던 것이다.

두만강을 내려다보며 가볍게 심호흡을 가다듬고 있는데 봉수대 쪽에서 다부지게 생긴 중년 남자가 병졸 두 명을 이끌고 내려왔다.

"잘 주무셨소? 조선을 지키는 최전방 봉수대에 오신 것을 환영하오."
하고 선생님께 인사를 건넨 그 남자는 자기가 이 망덕 봉수대의 책임자인 봉수장 김대흥이라고 밝혔다. 최전방 초소의 지휘관인 셈이었다. '오원'이라고 불리는 다른 두 병졸은 그를 '오장님'이라고 불렀다. 여기서 '오'는 "대오를 갖춘다."라고 할 때의 '대오 오(伍)' 자였다.

"두만강 푸른 물에 내려가서 좀 씻고 시원한 강바람도 쐬고 오시오. 아침을 드시고 나면 봉수대로 안내하리다."

김대흥 봉수장은 우리를 내려다보며 그렇게 말하고는 씩 웃으며 자신의 보루로 갔다. 우리는 그 웃음의 의미를 모르는 채 신나는 봉수대 체험을 기다리며 두만강으로 뛰어 내려갔다.

봉수장 김대흥
1861년 무이진에서 있었던 러시아 사람의 출현을 조정에 보고한 실제 인물.

|1861년 조선은|

조선은 고려의 장군 이성계가 개혁적인 유학자들과 힘을 합쳐 1392년 고려를 무너뜨리고 세운 나라였다. 조선은 불교 중심이었던 고려 사회와 달리 유학을 받들었지만, 교통 통신을 비롯한 여러 가지 제도는 고려로부터 물려받아 크게 바꾸지 않았다. 임진왜란과 병자호란으로 위기를 맞았던 조선 사회는 18세기에 안정을 되찾았다. 그러나 1800년 이후 안으로는 부패한 지배층에 대한 백성의 저항, 밖으로는 호시탐탐 조선을 노리는 서구 열강의 도전으로 조선 사회는 거세게 흔들리고 있었다.

봉화 피울 준비를 하라

아침 식사를 마친 우리는 오원들을 따라서 마치 소풍이라도 가듯이 망덕산 봉우리로 올라갔다. '평강 공주' 지수와 '바보 온달' 광현은 그날 따라 사이가 더 좋아서 쉴 새 없이 수다를 떨었고 혜리는 스케치를 하느라, 나는 사진을 찍느라 정신이 없었다.

"정신들 차려!"

봉수대 앞에 이르자마자 이렇게 불호령을 내린 사람은 바로 봉수장 김대홍이었다.

"여기가 어딘데 이리 소란들인가? 이제부터 너희는 학생이 아니야. 나라를 지키는 군인이란 말이야!"

우리는 봉수장의 호령에 '군기'가 바짝 들었다. 봉수장은 효율적인 봉수 체험을 위해서 우리에게 군인들과 똑같은 보직을 맡겨 주었다. 선생님은 김대홍 봉수장 곁에서 우리를 지휘하는 봉수장 역할을, 우리는 다섯 명의 병졸들 곁에 한 명씩 붙어 국경을 감시하는 오원 역할을 맡았다.

봉수대의 구조
무이진 같은 국경 지대의 연변봉수는 봉수대 다섯 개를 설치하고 그 아래 참호를 팠다. 봉수대 근처에는 임시로 집을 지어 봉수장과 오원들이 생활하게 했다.

연굴(굴뚝)
연소실(아궁이)
봉수대
방화장(벽)
봉대

"이곳 망덕산 봉수대는 조선의 동북쪽 끄트머리에 자리 잡고 있다. 여기서 불을 피워 올리면 함경도, 강원도의 봉수대마다 불을 피우게 된다. 그러면 경기도 양주에 있는 아차산 봉수대까지 열두 시간 안에 도달하게 되어 있다."

하고 봉수장이 설명할 때 광현이가 고개를 갸우뚱하며 중얼거렸다.

"어, 아차산은 서울에 있는데……."

"지금은 조선 시대이고 이때는 아차산이 양주잖아!"

하고 지수가 핀잔을 주자 광현이가 "아차!" 하면서 입을 막았다. 둘이서 속삭이는 소리를 들은 봉수장이 그들을 쏘아 보았다.

"누가 조회 중에 떠들어! 잘 들어라. 정신 똑바로 차리고 근무를 잘 하는 사람은 상을 내릴 것이고, 경계를 게을리 하는 사람은 엄벌로 다스릴 것이야."

하고 봉수장은 눈을 부릅뜨며 훈시를 계속했다.

"만에 하나 감시를 게을리 하다가 외적의 움직임을 놓쳐서 아군이 피해를 입기라도 하면, 책임 있는 오원은 참수를 면치 못할 것이야!"

참수! 목을 자른다는 거 아냐? 우리는 모두 자기 목덜미를 어루만지며 침을 꼴깍 삼켰다. 혜리는 눈물까지 글썽거렸다. 그러자 혜리 옆의 오원이 씩 웃으며 말을 건넸다.

"괜찮아. 김대홍 오장님은 저렇게 무서운 척하지만 좋은 분이야.

「해동팔도봉화산악지도」
조선 시대의 봉수로와 역참 등을 자세하게 그린 지도. 마치 조선 팔도에서 불꽃 놀이를 하고 있는 듯하다. 만든 사람과 정확한 연대는 알 수 없다.

너희들더러 긴장하라고 하시는 말씀일 뿐이야."

김대흥 봉수장의 일장 연설이 끝나자 봉화를 피워 올리는 방법에 관한 오원들의 시범이 이어졌다. 밤에 피워 올리는 '봉', 즉 횃불은 싸리나무 속에 관솔을 넣은 다음 불을 피워 만들었다. 또 낮에 피우는 '수', 즉 연기는 먼저 섶나무에 불을 지피고 그 위에서 이리 똥이나 말똥을 태우면 만들어졌다.

우리는 곧 배운 대로 낮의 봉화, 즉 '수'를 피워 올리는 실제 작업에 들어갔다. 봉수대 규칙에 따르면 아무 일이 없을 때는 하루 한 번 연기를 한 줄기 피우도록 되어 있었기 때문이다.

거화와 낭화

밤에 피우는 '봉'은 다른 말로 '거화'라고 하는데 횃불이라는 뜻이다. 낮에 피우는 '수'는 다른 말로 낭화라고도 하는데 이리의 똥을 땔나무와 함께 피우기 때문이다.
이렇게 이리 똥을 태우는 것은 아무리 바람이 심해도 그 연기가 일직선으로 올라가기 때문이라고 한다.

혜리와 지수는 땔나무에 불을 붙였고 재현과 나, 그리고 광현이는 코를 막으며 이리 똥과 말똥을 갖다가 땔나무 위에 얹는 일을 했다. 연통을 타고 올라가 푸른 하늘 위로 솟구치는 연기를 보면서 우리는 마음 속으로 빌고 또 빌었다.

"제발 저 연기를 두 줄기로 피워 올리는 일은 없도록 해 주세요."

봉수의 종류

조선 시대 봉수에는 경봉수, 연변봉수, 내지봉수 등 세 종류가 있었다.

경봉수는 전국의 모든 봉수가 모이는 중앙봉수로서 서울 목멱산(지금의 남산)에 있었기 때문에 목멱산 봉수라고도 했다.

연변봉수는 국경을 따라 설치한 것으로 통신 시설뿐 아니라 국경 초소 구실도 겸했다.

내지봉수는 경봉수와 연변봉수를 연결하는 중간 봉수로 수가 가장 많았다.

제주도 일주 봉수까지 포함하여 전국에는 623군데의 봉수대가 있었다.

외적이 국경에 나타나면 두 줄기, 국경으로 다가오면 세 줄기, 국경을 침범하면 네 줄기의 연기나 불을 피워 올린다. 만약 외적과 아군 사이에 싸움이 벌어지면 최종 단계인 다섯 줄기의 연기를 피워 올린다.

	1홰	2홰	3홰	4홰	5홰
고려	평상시		보통 위급	정세 긴급	정세 위급	X
조선	평상시		적 발견	국경 근접	국경 침입	적군 상륙

봉화를 피우지 말고 달려가서 알려라

하늘은 두 줄기 봉화를 피우는 일이 없도록 해 달라는 우리의 기도를 들어주지 않았다.

"호인(胡人)이다!"

하고 두만강 쪽을 바라본 오원이 외쳤다. 우리는 모두 긴장하여 강 건너로 시선을 집중했다. 호인은 만주족 출신인 중국 청나라 사람을 가리키는 말이라고 했다. 정말 많은 사람들이 강 건너 모래 언덕과 버드나무 사이로 오더니 말에서 내렸다. 그리고는 우리 쪽을 향해서 흰색 천막을 치기 시작했다. 가슴이 콩닥콩닥했다.

그런데 청나라 사람이라면 우리와 같은 동양인일 텐데 열 명 남짓 되는 사람들 중에는 서양인처럼 보이는 사람도 있었다.

"호인들만이 아니구면. 전날 해안에 들어와 정박했던 이양선* 선원들하고 비슷하네. 눈이 쑥 들어가고 코가 크고……."

하고 사람들을 자세히 관찰하던 오원 한 명이 말했다. 북쪽에서 두만강변으로 접근해 오는 서양인이라면 러시아 사람이 틀림없었다고 선생님이 말씀하셨다. 3년 전인 1858년 러시아는 청나라와 조약을 맺고 두만강 건너편 연해주 지역을 자기 나라 영토로 정했다고 한다. 그렇다면 러시아 사람들이 그곳에 나타난 것은 자기네 영토의 범위를 확실히 하기 위해서였을 것이다.

19세기 러시아 사람

*이양선
조선 후기에 해안에 나타나곤 했던 서양 각국의 배를 가리키는 말이다.

보고를 받은 김대홍 봉수장이 부랴부랴 봉수대로 올라왔다.

"무얼 하는 자들 같나?"

봉수장은 심각한 표정으로 강 건너를 바라보면서 오원들에게 물었다. 천막을 다 친 사람들 가운데 한 명이 옷을 훌렁 벗어 버리고 강으로 가서 몸을 씻었다. 햇살을 받아 반짝거리는 그의 몸은 희디 희고 체격이 우람했다.

"천막까지 친 걸 보니 꽤 오래 있을 생각인가 본데요."

하고 오원 한 명이 말했다. 다른 오원은 그들의 행동으로 보아 뭔가를 조사하고 있는 듯하다고 했다.

"두 줄기 연기를 피워 올릴까요?"

하고 오원들이 물었다. 우리가 그토록 바라지 않던 사태가 벌어지려 하고 있는 것이다.

두만강(중국 쪽에서 북한 쪽을 바라본 모습)

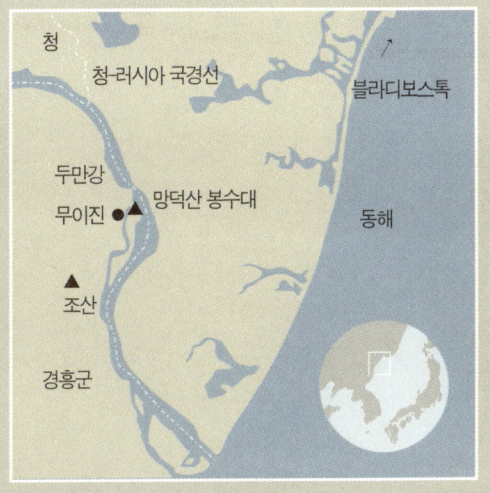

두만강

중국과의 국경 지대를 흐르는 지금 북한의 강. 길이 547.8킬로미터, 유역 면적 3만 3269제곱킬로미터. 양강도 삼지연군 북동쪽에서 시작하여 북동 방향으로 중국과의 국경을 따라 흐르다가 온성읍 부근에서 남동 방향으로 흐름을 바꾸어 동해로 흘러간다. 한반도의 5대 강 중의 하나로 길이는 압록강에 이어 두 번째이고, 유역 면적은 압록강·한강에 이어 세 번째이다.

봉수장은 사람들의 움직임을 뚫어져라 관찰하더니 고개를 가로저으며 오원 한 명에게 명령을 내렸다.

"아닐세. 경흥으로 달려가서 부사께 이 사실을 본 대로 아뢰게."

오원이 즉시 말을 타고 경흥으로 달려갔다. 이렇게 봉화를 올리지 않고 사람이 직접 달려가서 사태를 알리는 걸 '치고(馳告)'라고 했다. 치고를 받은 경흥부사 이석영이 쏜살같이 달려왔다. 부사면 한 고을을 다스리는 사또, 즉 수령이다. 그런 분이 최전방 봉수대까지 직접 온 것을 보면 사태가 심각한가 보다.

러시아 사람들은 여전히 모래 언덕과 버드나무 수풀 사이로 말을 타고 왔다 갔다 하며 이리저리 주변을 살피고 있었다.

"배가 있는가?"

부사가 묻자 봉수장이 없다고 대답했다.

"배가 있으면 타고 건너가서 뭘 하고 있는지 물어볼 텐데……. 숫자로 보나 행동으로 보나 당장 이쪽으로 침범할 태세는 아닌 듯하니 오늘은 일단 눈을 떼지 말고 잘 감시하도록 하게."

그날 우리는 밤늦도록 두만강만 쳐다보고 있어야 했다. 잘못하면 벌을 내린다는 봉수장의 말도 무섭고 지엄한 사또의 분부도 귓가를 계속 맴돌았기 때문이다.

봉화와 조기 경보 체제의 역사

고려 때 일연이 쓴 역사책 『삼국유사』에는 호동 왕자와 낙랑 공주 이야기가 있다. 옛날 중국 사람들이 우리 나라에 세운 낙랑에는 적군의 침략을 자동으로 알려 주는 '자명고'라는 북이 있었다. 고구려의 호동 왕자는 낙랑의 공주와 사랑하는 사이였는데, 공주를 부추겨 자명고를 찢게 한 다음 낙랑으로 쳐들어가 승리한다.
자명고는 요즘으로 치면 조기 경보 장치로서 그것이 파괴되자 국가 안보가 무너져 버린 것이다. 이 이야기는 예로부터 국가 차원에서 정보 통신이 얼마나 중요했는지 말해 준다.
옛날 조기 경보 체제의 꽃이 봉수라는 것은 두말할 나위도 없지만, 사람들은 그 밖에도 눈과 귀를 총동원해서 정보를 전달할 수 있는 방법들을 생각해 냈다. 오랜 옛날부터 쓰인 신호 연, 화약이 발명된 이후 쓰인 신기전 등이 좋은 사례이다.

신기전(神機箭) : 봉수에서 갈라져 나온 통신 수단으로 '달리는 불'이라는 뜻에서 주화(走火)라고도 했다. 화살에 화약통을 달아 그 추진력으로 화살을 더 빠르게, 더 멀리 보냄으로써 소식을 알렸다. 화살의 갯수, 날아가는 방향, 발사 시간, 연기의 색상에 따라 정보를 전달했다.

신호 연 : 연에 그려진 무늬의 종류로 다양한 정보를 전달했다.

1861년	둘째 일정	작성자: 전설의 흑기사 영찬
	파발로 국경의 움직임을 알리다	

다음 날도 두만강 건너편의 상황은 마찬가지였다. 9월 초로 접어들고 있어서인지 북쪽 국경의 아침 바람은 쌀쌀했다. 전날 설치한 막사에서 잠을 잔 사람들이 막사 수변을 왔다 갔다 했고, 천막 뒤의 깊은 수풀에서는 20여 필 정도 되는 말들이 풀을 뜯고 있었다.

경흥부사 이석영은 함경도 경성에 있는 북병사에게 전날의 상황을 문서로 보고한 뒤 망덕 봉수대로 왔다. 북병사란 지금의 함경 북도 지역을 책임지는 군 지휘관을 가리키는 말이었다. 지금의 함경 남도 지역을 다스리는 지휘관은 남병사라고 불렀다.

"북병사 영감님이 무서운 분이면 큰일인데……."

하는 혼잣말이 절로 나왔다. 사태가 급하게 돌아가니까 별일이 다 걱정되었기 때문이다. 나만 그런 게 아니었다. 이석영 부사나 봉수장 김대홍도 모두 긴장된 표정을 감추지 못하고 있었다. 봉수장은 강 건너 사람들을 세고 또 세고 있었다.

"하나, 둘, 셋, …… 열 다섯이 맞군요."

오원들도 부지런히 움직였다. 봉수대 시설과 땔감도 점검하고 말도 잘 살펴보았다. 그런 모습을 보니 역시 옛날에는 통신이 군사적인 목적으로 발달했다는 것을 알 수 있었다. 하기야 나라의 안전을 위협하는 일을 알리는 것보다 더 급한 일이 어디 있으랴! 아니, 옛날만도 아니다. 현대 통신의 혁명을 가져온 인터넷*도 미국에서 군사적 목적으로 만들어졌다고 들었으니까.

*인터넷
인터넷의 시작인 알파넷은 핵 공격을 받을 때 지휘부를 여러 곳으로 분산시켜 한두 곳이 파괴되어도 작전을 계속하기 위한 군사적 목적에서 개발되었다.

| 1 8 6 1 년　세　계　는 |

고려에서 조선으로 넘어갈 무렵 중국에서도 몽고족의 원나라가 망하고 명나라가 들어섰다. 명나라는 300년도 못 가 만주족의 청나라에게 망했다. 조선은 만주족을 업신여기고 미워하다가 두 차례나 침략을 당하고, 인조가 한강의 삼전도에서 직접 항복하는 치욕까지 당했다. 청나라는 조선을 비롯한 아시아 나라들에게 넘지 못할 대국이었다.
그런데 그 청나라가 1842년 작은 섬나라 영국과의 전쟁(아편전쟁)에서 졌다. 그 후 서양 각국은 중국 땅을 야금야금 먹어 들어갔고, 1854년에는 일본을 굴복시켰다. 조선 해안에도 서양 군함이 나타나기 시작했으며, 1860년에는 러시아가 청나라와 조약을 맺고 연해주를 차지하면서 조선과 국경을 맞대게 되었다.

정확한 보고를 위해 기록을 남겨라

부사가 온 지 얼마 안 되어 강 건너편 사람들 가운데 다섯 명이 강변으로 나왔다. 러시아 사람들이 아니라 그들과 함께 온 청나라 사람들 같았다. 그들 중 한 사람이 두 손으로 나팔을 만들어 입에 대고는 우리 편을 향해 큰 소리로 외쳤다. 뭐라고 하는지 잘 알 수는 없었지만 '통스'란 말이 들어 있는 것 같았다.

우리는 모두 고개를 돌려 지수를 바라보았다. 고려에서 역참 체험을 할 때, 몽고 관리인 다루가치 앞에서 지수가 중국말 하는 것을 봤기 때문이다. 그러잖아도 지수는 이마를 찌푸리며 청나라 사람의 말을 풀어 보려고 안간힘을 쓰고 있었다. 그러더니 무릎을 탁 치며 말했다.

"아, 그렇지! 김천 아저씨랑 같이 가던 통역관 아저씨를 통사라고 했잖아? 통스란 통사, 그러니까 통역관이 있느냐고 물어 보는 거야."

우리가 모두 감탄하여 지수를 우러러볼 때 부사는 관리를 시켜 통역할 사람이 없다는 뜻을 표시하게 했다.

관리는 벌떡 일어나서 두 팔을 가로저었다. 그러자 청나라 사람이 아무 것도 쓰지 않은 흰 종이를 번쩍 들고는 다시 소리쳤다.

"워먼스훈춘런! 비에파!"

이번엔 지수도 고개를 가로저었다. 그러나

김대홍 봉수장은 눈치로 그 말의 뜻을 알아채고 부사에게 말했다.

"훈춘은 두만강 건너 청나라 혼춘 지방을 가리키는 듯하군요. 자기네는 혼춘 사람이니 걱정하지 말라는 말 같습니다."

그러고 나서는 양쪽에 모두 통역할 사람이 없었기 때문에 한동안 정적이 감돌았다. 긴장 속에 대여섯 시간이 지났을까. 저쪽에서 청나라 사람 한 명이 뗏목을 타고 강을 건너 왔다. 그 모습을 본 이석영 부사는 휘하 장졸들을 이끌고 봉수대를 내려가 강변으로 갔다. 우리도 선생님이랑 김대홍 봉수장을 따라 내려갔다.

뗏목에서 내려 부사 앞으로 다가온 청나라 사람은 공손히 예의를 갖춘 다음 흰 종이 한 장을 내밀었다.

부사가 받아든 그 종이에는 다음과 같은 한자가 씌어져 있었다.

'俄羅斯國分界之書(아라사*국분계지서)'

"러시아의 국경을 표시하는 글이라는 뜻이야."

*아라사(俄羅斯)
조선 시대에는 러시아를 중국 사람들이 표기한 대로 '아라사'라고 불렀다. 17세기 효종 때는 청나라를 도와 러시아를 공격한 일이 있는데, 그때는 러시아를 '나선'이라고 불렀다.

러시아가 동쪽으로 온 까닭

러시아를 흔히 '북극 곰'에 비유한다. 추운 지역에 있는 덩치 큰 나라이기 때문이다. 세계에서 가장 넓은 영토를 갖고도 쓸 만한 땅이 많지 않은 러시아에게는 얼지 않는 항구가 필요했다. 18세기 초 러시아에는 표트르 대제라는 임금이 나와 근대화를 추진했다. 그는 서쪽으로는 서유럽의 발달한 문물을 받아들이는 한편 동쪽으로는 두만강 건너 연해주 지역으로 나아가려는 노력을 계속했다. 연해주를 차지하면 동해안의 얼지 않는 항구들을 확보할 수 있었기 때문이다.

얼지 않는 항구 블라디보스톡

선생님이 나직이 우리에게 속삭이셨다. 서로 간에 말로는 뜻이 통하지 않으므로 경흥 부사는 종이와 붓을 가져오게 해서 낭백홍이라는 청나라 사람과 한문으로 대화를 주고받았다. 그리하여 청나라 사람이 러시아 사람 대신 나서서, 그것도 말 아닌 글로 어렵게 이루어진 최초의 조선-러시아 국경 회담을 요약하면 다음과 같다.

이석영 부사 "이 문서(아라사국분계지서)를 우리 나라 사람에게 보여 주는 뜻은 무엇이오?"

낭백홍 "당신네 나라와는 상관없지만, 다른 나라 사람이 강을 따라 올라가는 것은 허락하지 않겠다는 뜻을 알리려는 것입니다."

부사 "천막에 있는 사람들은 어느 나라 사람들이오?"

낭백홍 "아라사(러시아) 사람들입니다."

부사 "그런데 청나라 사람인 당신이 왜 여기에 왔소?"

낭백홍 "저들은 여기까지 오는 길을 모르기 때문입니다."

부사 "이번에 온 것은 경계를 정하기 위함이오?"

낭백홍 "그렇습니다. 강변에 경계 표시를 세울 것입니다."

부사 "이번에 온 사람과 말의 숫자는 얼마나 되오?"

낭백홍 "어제와 오늘 합쳐서 청나라 사람 16명과 말 21필, 아라사 사람 13명과 말 10필이 왔습니다."

부사 "저들은 어제 이곳에 왔는데 오늘도 돌아가지 않소?"

낭백홍 "오늘 돌아갑니다."

붓으로 나눈 대화가 끝나자 낭백홍은 종이를 거두어 돌아가려 했다. 그러자 부사는 그에게 잠깐 기다려 달라고 한 다음 급히 그 종이를 받아다가 베끼게 했다.

"야, 저 기록 정신!"

재현이가 감탄했다. 선생님도 고개를 끄덕이셨다. 이석영 부사는 경흥 고을로 돌아간 뒤 저 기록을 모두 모아 보고서로 정리할 것이다. 그것을 북병사에게 보내면 북병사는 다시 서울에 있는 철종 임금에게 보고할 것이다. 봉수대에서 봉화 한번 피워 올리지 않았지만, 국경의 경비와 보고 체계는 물샐틈없이 이루어지고 있었다.

봉화를 피우지 않은 이유

망덕산 봉수대에서 이석영 부사가 있는 경흥의 서봉 봉수대까지는 한 구간이다. 그러나 김대흥 봉수장은 러시아 인이 나타난 사실을 봉화로 알리지 않고 달려가서 전하게 했다.

이것은 다른 이유도 있었겠지만 조선 후기 들어 봉수의 기능이 급격히 떨어졌기 때문이다. 임진왜란 때 일본군의 움직임이 봉화를 통해 제대로 전달되지 않으면서 봉수 체제는 유명무실해지기 시작했다. 그리고 100여 년 동안 전쟁 없는 태평성대를 거치면서 국가에서도 봉수에 대한 관심이 약해졌다.

조선에서 봉수제가 공식 폐기된 것은 1894년의 일이었다.

외로운 봉수대
정조 임금 때인 1795년에 세워진 수원 화성의 봉돈. 봉수 체계가 흔들리면서 훈련 때 말고는 봉화를 피워 올릴 일이 없었다.

신속한 보고를 위해 말을 타고 달려라

러시아 사람들이 철수하는 것을 본 뒤 우리는 이석영 부사를 따라서 경흥부로 갔다. 그리고 그곳에서 부사가 작성한 보고서를 들고 북병영으로 이동했다. 함경도 북부의 국방을 총지휘하는 북병사의 이름은 윤수봉이었다. 윤수봉 북병사는 부사의 보고서를 면밀히 검토하더니 붓과 종이를 가져오게 해서 임금에게 보내는 자신의 보고서를 써 내려갔다. 그런 다음 사람을 불러 이렇게 명령을 내렸다.

"여봐라! 파발을 보내 이 보고서를 한양(지금의 서울)으로 올려 보내도록 하거라."

그러자 광현이가 두 눈을 반짝이며 선생님께 물었다.

"파발이요? 구파발 할 때 파발 말인가요?"

보발
발로 뛰는 파발

기발
말로 달리는 파발

60

"그래, 그 파발이야. 서울 지하철 3호선 역이 있는 구파발은 그러니까 옛날에 파발이 지나던 곳이라는 뜻이지."

하고 선생님은 고개를 끄덕이셨다.

"그러면 이제 보고서를 들고 서울로 가면 구파발을 지나겠네요?"

광현이가 신나서 얘기하는데 지수가 옆구리를 쿡 찔렀다.

"아니야, 그건 서쪽의 평안도에서 갈 때 얘기지. 여기는 동쪽이니까 강원도로 해서 아차산이 있는 서울 동쪽으로 들어갈 걸."

지수가 워낙 똑 소리 나게 이야기하자 광현이는 잠시 말문이 막혔다. 북병영 동헌에 모여 있던 어른들은 모두 지수를 바라보고는, 보기 드문 똑똑한 여자 아이라며 고개를 끄덕였다.

잠시 후 북병사 윤수봉은 동헌에 나와 아전들을 모아 놓고 이렇게 지시를 내렸다.

"이곳 북병영에서 서울로 들어가는 파발은 주로 사람이 뛰어가는 보발이라는 것은 모두들 알고 있겠지? 그러나 이번 사태는 이전에 보지 못하던 외국인이 국경에 나타난 것으로 한시라도 빨리 알려야 할 엄중한 사태라고 볼 수 있다. 그러니 이번 파발은 특별히 말을 타고 가는 기발을 쓰도록 하라."

북병사의 지시에 따라 군관들은 즉각 말을 대령했다. 북병사의

마패 이야기

멋진 암행어사가 탐관오리 앞에서 당당하게 내보이는 마패! 이것은 암행어사의 신분증이 아니라 파발병이나 지방으로 가는 관리가 역에서 말을 갈아탈 때 보여 주는 통행증이다.

파발과 역참

파발은 임진왜란(1592~1598년) 때 봉수 제도가 마비되자 새롭게 도입한 통신 제도였다. '발군'이라고 불리는 전령이 말을 타거나 뛰어서 변방의 소식을 중앙에 알렸다. 잇따른 전쟁으로 역참과 도로가 많이 파괴되어 파발로도 새롭게 닦아 운영했다. 파발이 교대하는 곳은 참(站)이라고 하여 역과는 구별했고 조직도 서로 달랐다.

벽제관
지금의 경기도 고양시에 있던 역. 서울과 의주를 잇는 길에 있었다.

보고서를 받아든 발군, 즉 파발병은 말에 올라타고는 "이럇!" 하고 우렁차게 기합을 넣었다. 그리고 말과 함께 힘차게 앞으로 달려 나갔다.

"여기서 서울까지 가는 파발은 주로 뛰어 간다고요?"

지수는 조금 전에 북병사가 했던 말이 이해가 되지 않는다는 듯 옆에 있던 군관에게 물었다. 군관은 말없이 고개만 끄덕였다.

"파발이란 게 변방에서 일어난 일을 임금님께 신속하게 전하자는 것 아닌가요? 그런데 어떻게 그 먼 길을 뛰어서 가요?"

지수는 아무래도 어안이 벙벙한 모양이었다. 그러자 군관은 겸연쩍은 듯 변명을 했다.

"말 달리는 기발을 쓰려면 말도 많이 있어야 하고 중간에 파발역을 운영하는 사람도 많아야 하거든. 그러자면 비용이 만만치 않게 들어. 그런데 백 년 넘게 큰 전쟁 없이 태평성대가 계속되다 보니까 나라에서도 필요성을 덜 느낀 거지."

그러나 어떤 경우에도 꼭 말을 타고 가야 하는 파발로는 있다고 했다. 압록강 쪽 국경 지대인 의주와 서울을 잇는 서로였다. 그 길은 서울과 중국 청나라의 서울인 북경(지금의 베이징)을 오가는 길이라서 조선 조정이 가장 중요하게 여기는 길이었다. 임진왜란 때는 선조 임금이 그 길을 따라 피난 갔고, 병자호란(1636~1637년) 때는 그 길을 따라 청나라 군이 쳐들어왔었다.

그러고 보니 고려 역참 체험 때 어머니를 찾으러 간다던 김천도 의주를 지나 중국 원나라 땅으로 들어가던 생각이 났다. 오늘날 이 길에는 남북한을 잇는 경의선 철도가 지나고 있다.

"말로 가면 서울까지 얼마나 걸리나요?"

멀리 사라지는 파발마의 엉덩이를 바라보며 내가 묻자 경흥부에서 온 군관이 손을 꼽아 가면서 대답했다.

"여기서 서울까지 모두 예순 네 참이거든. 한 참 가는데 말로 달리면 1각(15분) 조금 더 걸릴 테니까, 여러 명이 교대해 가면서 꼬박 달리면 이틀 사이에 들어가겠구먼."

군관이 말한 '참'은 발군이 쉬었다 가는 참을 가리키는 말이었다. 그런데 군관의 말 가운데 '한 참 가는데'라는 말이 귀에서 맴돌았다. 우리말에서 '시간이 꽤 지나는 동안'을 가리키는 '한참'이란 말이 떠올랐기 때문이다.

"한참이라면 꽤 오랜 시간을 가리키는 말 같은데 고작 15분 남짓 걸린다니까 이상하지?"

구파발역

현재 지명에 남아 있는 파발, 역참의 자취들

서울시 은평구에 있는 '구파발'은 조선 시대의 서로에 자리 잡은 파발 터였다. 당시 파발병과 파발마는 바로 이곳에서 대기하고 있었다. 지금도 매년 10월 1일 이곳에서는 옛 파발을 재현하는 행사가 벌어진다.

역참 주변에는 마을이 생겨났고 그 마을의 흔적은 오늘날에도 지명으로 남아 있다. 전국에는 '역촌'이라는 이름을 가진 고장이 많이 있는데 이것은 역 주변 마을이라는 뜻이다. 예를 들어 서울 지하철 2호선이 지나는 강남구 '역삼동'은 조선 시대 역마을이었던 말죽거리, 상방하교, 하방하교 등 세 곳을 합친 데서 유래한 이름이다.

하고 마치 내 마음을 읽었다는 듯이 선생님이 말씀하셨다. 나뿐 아니라 모두들 그런 의문을 품고 있었던 터라 입을 모아 선생님께 되물었다.

"그 '한참'이란 말이 저 군관 아저씨가 말씀하시는 '한 참'하고 같은 거예요?"

선생님은 고개를 끄덕이면서 한참은 본래 역참과 역참 사이를 가리키던 말이라고 하셨다. 역참은 대개 30리(약12킬로미터)마다 하나씩 있었다. 이 정도 거리를 말로 달리면 금방 가겠지만 발로 걸으면 꽤 시간이 걸린다. 아마 세 시간은 걸어야 할 것이다. 그래서 '한참'이란 말은 사람들 사이에서 상당한 시간을 가리키는 말로 쓰이게 되었다는 게 선생님 설명이었다.

150년 전 옛날에 와서 국어 공부까지 하게 되다니……. 우리는 역시 역사 탐험은 유익하다고 종알거리며 다음 목적지인 근대의 서울로 이동하기 시작했다.

"한참 만에 기별이 왔네!"

소식을 전한다는 뜻으로 "기별을 넣다."라는 말이 있다. 이 '기별'이라는 말도 본래는 조선 시대 승정원에서 처리한 사항을 날마다 널리 알리던 일을 가리켰다고 한다. 조선 시대 임금의 명령을 전달하는 관청이었던 승정원은 그 전날 처리한 일을 '기별지'라는 일종의 신문에 적어서 매일 아침 여러 관공서에 알렸다는 것이다. 그러니까 "한참을 기다렸더니 겨우 기별이 왔네."라는 말은 옛날의 교통 통신 제도에서 유래한 셈이다.

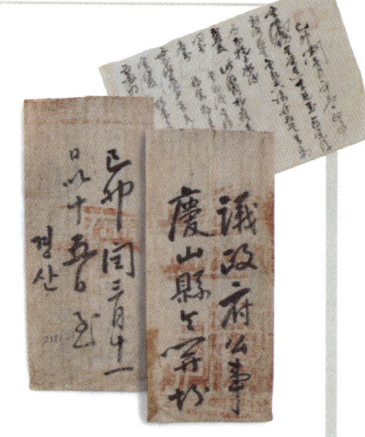

조보라고 불린 기별지(위)와 겉봉

파발 제도의 역사

임진왜란에 참전한 명나라 군대는 파발을 통해 신속하게 정보를 주고 받았다. 이것을 본 조선은 파발 제도를 봉수 제도의 대안으로 생각하여 1597년부터 공식적으로 파발 제도를 시행했다. 그러나 처음에는 어려움이 많았다. 전쟁으로 망가진 길을 다시 닦고 말을 확보하고 파발병을 모아야 했다. 말 없는 곳에서는 잘 달리는 사람을 택해 연락하도록 하는 등 여러 가지 시도를 한 끝에 파발 제도는 서서히 자리 잡아 나갔다. 파발 제도는 정보를 문서로 전달하기 때문에 정보의 내용이 정확하고 비밀을 유지할 수 있다는 점에서 봉수 제도보다 나은 점이 있었다. 그러나 봉수에 비하면 경비가 많이 들고 속도가 더디다는 결함이 있는 것도 사실이었다.

파발 제도는 조선 후기로 접어들면서 개인 문서 전달에 이용되는 등 폐단이 잇따랐다. 사람과 물건의 교류는 빠르게 늘어나는데 교통 통신 제도가 뒷받침하지 못하기 때문에 생겨난 일이었다. 그런 가운데에서도 파발 제도는 조선 말기까지 중요한 통신 수단으로 이용되다가 전신·전화가 들어오면서 자취를 감췄다.

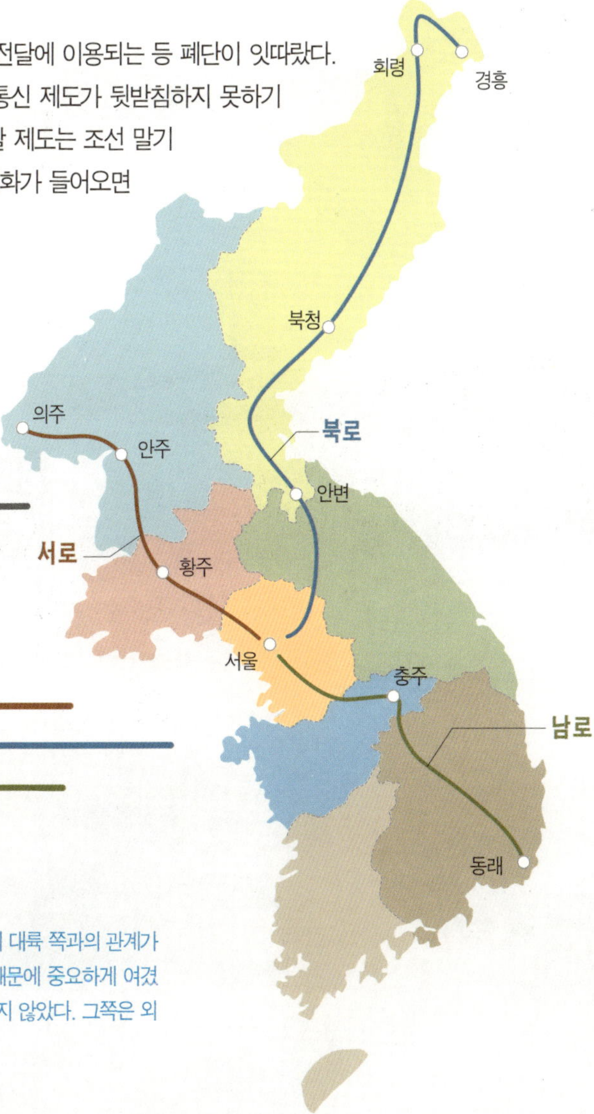

- 기발은 10km마다 1참
- 보발은 12km마다 1참

전국의 파발망
서로 (서울~의주) 기발. 41참 420km
북로 (서울~경흥) 보발. 64참 920km.
남로 (서울~동래) 보발. 31참 370km.

서울에서 의주에 이르는 서로에만 기발을 설치한 것은 당시 대륙 쪽과의 관계가 가장 중요했다는 것을 말해 준다. 남로는 일본과의 관계 때문에 중요하게 여겼으나, 서남쪽인 전라도 목포 쪽으로는 파발 제도를 실시하지 않았다. 그쪽은 외적의 침입이 적은 지역으로 여겼기 때문이다.

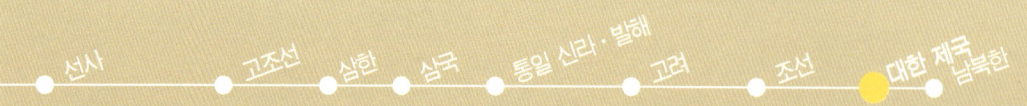

03 근대 교통 통신 캠프 _ 1899년 대한 제국 서울에서

세 번째 탐험이 시작된 곳은 한강변. 저 아래로 내려다보이는 한강에서는 최초의 철교가 모습을 드러내고 있었다. 때는 조선이 대한 제국으로 이름을 바꾼 지 2년 만인 1899년 9월 18일, 최초의 철도 개통식 날. 철도와 전차, 전화와 우편…… 우리 삶의 모습을 통째로 바꾸어 놓은 근대 교통 통신의 현장에서 펼쳐지는 1박 2일의 역사 탐험.

| 첫째 일정_ 근대 교통 체험 | 둘째 일정_ 근대 통신 체험 |

1912년 한강 제2철교가 완공된 이후의 모습. 경인철도합자회사는 이 다리를 가리켜 3,000척의 긴 무지개가 하늘에 걸린 것 같다고 선전했다.

1899년	첫째 일정	작성자: 전설의 흑기사 영찬
	근대 교통 수단을 체험하다	

1861년의 북병영 객사에서 깊은 잠에 빠졌던 우리는 1899년의 한 기와집에서 잠이 깼다. 창문 틈으로 밖을 내다 보니 넓은 강으로 한창 공사 중인 다리의 골조가 뻗어 있었다. 새로 짓고 있는 한강 철교였다!

이날 이곳에서 가까운 노량진 정거장에서는 우리 나라 최초의 철도인 경인선의 개통식이 벌어지기로 되어 있었다. 아직 한강 철교가 완성되지 않아서 강북의 남대문 정거장(지금의 서울역)까지는 가지 못하고 노량진에서 인천까지 첫 기차가 달릴 예정이었다.

시계를 보니 오전 8시. 개통식까지는 한 시간 남았다! 우리는 아침을 먹는 둥 마는 둥 하고는 숙소 앞에서 대기하고 있던 자전거를 타고 부리나케 노량진 정거장으로 줄달음쳤다.

숙소를 뒤로 하고 달리면서 한강 철교를 바라보니까 선생님이 보여 주셨던 옛 그림이 생각났다. 수많은 배를 잇대어 만든 배다리 그림! 1795년 정조가 어머니 혜경궁 홍씨의 환갑을 맞아 아버지 사도세자의 무덤이 있는 경기도 화성으로 행차할 때 한강을 건너기 위해

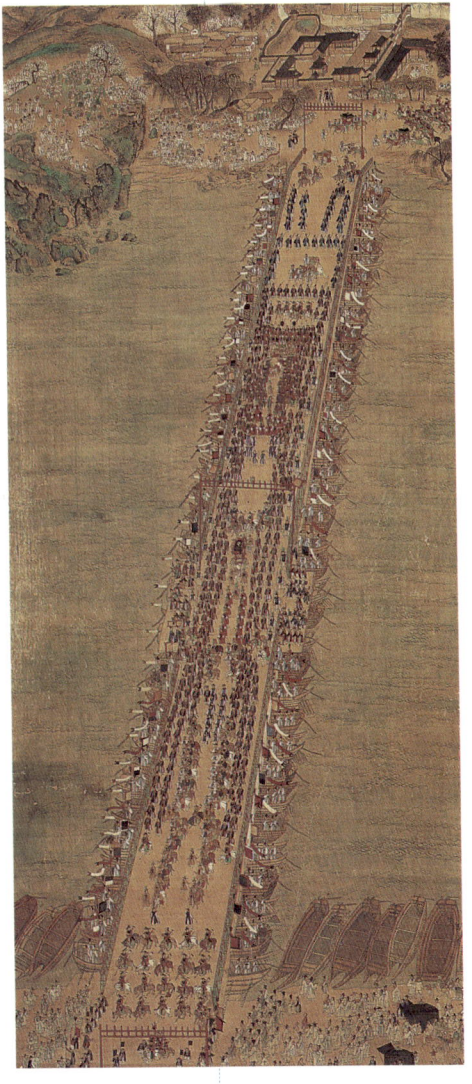

조선 시대 배다리 그림

만들었다는 다리였다.

　정조가 직접 참여하여 그때만 해도 최신 과학 기술로 만들었다는 배다리. 그 아름다운 다리가 놓였던 자리에 근대식 토목 공법을 총동원하여 쇠로 만든 다리가 놓이고 있었다. 불과 100년 만의 변화였다. 이제 저 다리가 완성되면 탱크처럼 생긴 미국산 기관차가 우렁찬 기적을 울리며 그 위를 달리게 될 것이다.

　이런 생각을 하는 사이에 우리는 어느덧 수많은 사람들로 북새통을 이루고 있는 노량진 정거장 앞에 들어섰다. 천막을 치고 연단을 세워 개통식장으로 꾸며 놓은 곳으로 다가가자 자전거를 타고 온 남자가 우리를 알아보고 손짓을 했다. 이날 행사를 취재하러 온 『독립신문』 기자였다.

자전거 탄 기자
자전거는 1861년 프랑스에서 발명되어 1874년 무렵 요즘의 자전거와 같은 모습을 갖추게 되었다. 우리 나라에는 19세기 말 선교사나 개화파 인사가 들여온 것으로 짐작된다.

│1899년 대한 제국은│

조선은 1897년 이름을 대한 제국으로 바꾸었다. 여기서 제국이라는 것은 황제가 다스리는 나라라는 뜻이다. 조선은 황제의 나라인 청나라에 조공을 바치는 왕의 나라였으나, 이제는 대등한 황제국이 되어 독립적인 근대 국가로 거듭나겠다는 것이었다.

황제가 된 고종은 국가 체제를 근대적 입헌 군주제로 다듬고 교육·문화·의료 등 각 분야에서 근대화에 박차를 가했다. 전신·전화 등 근대적 통신 설비와 전차·기차 등 근대적 교통 수단이 잇따라 들어와 나라의 모습과 사람들의 생활을 근본적으로 바꾸어 놓고 있었다.

기차와 함께 사람들의 삶이 빨라지다

이제 곧 철로 위를 달리게 될 열차는 온통 조화와 일장기로 뒤덮여 있었다. 일제 강점기도 아닌데 왜 태극기가 아니라 일장기가 걸려 있었을까? 그것은 경인선 철도를 관리하는 경인철도합자회사라는 회사가 일본인 것이었기 때문이다. 그러고 보니 개통을 자랑스럽게 선언하는 이 회사 사장도 시부자와 에이치라는 일본인이었다.

"이쪽으로 오시오. 이제 곧 출발할 테니 어서 수레에 오릅시다."

기자가 우리를 안내하면서 객차를 수레라고 표현하는 게 재미있었다. 당시 사람들은 기차 바퀴를 가리켜 불이 번쩍이는 바퀴라는 뜻에서 '화륜(火輪)'이라고 불렀고, 기차는 화륜을 단 수레라는 뜻에서 '화륜거'라고 불렀다.

*마력
동력을 재는 단위. 말 한 마리가 1분에 하는 일이 1마력이다.

그날 아침 인천에서 올라왔다는 350마력*짜리 미국산 모걸 기관차에는 세 칸의 객차가 매달려 있었다. 우리는 두 번째 칸에 들어가 앉았다. 첫째 칸은 일등실로 외국인 전용인데 요금이 1원 50전이고 우리가 탄 이등실은 내국인용으로 요금은 80전이라고 했다.

경인선 착공 장면

그러나 이날은 첫 운행을 기념해서 공짜로 타게 해 주었다.

"그런데 삼등실에는 누가 타는 거예요?"

하고 지수가 묻자 기자는 잠시 머뭇거리다 대답했다.

"여자들이 탄단다. 요금은 이등실의 절반밖에 안 되지. 너희들은 내 일행이라서 특별 대우를 한 거야."

그 말에 지수와 혜리는 뾰로통해져서 기차가 떠날 때까지 아무 말도 하지 않았다.

행사장 주변은 구경하러 나온 우리 나라 사람들로 온통 흰색 물결을 이루고 있었다. 사람들은 괴물 같이 생긴 기관차를 보고 잔뜩 겁에 질린 표정을 지으면서 안절부절못했다.

그러면서도 호기심을 어쩌지 못하고 무리지어 옮겨 다니면서 기관차를 요모조모 뜯어보았다. 물론 여차하면 도망칠 자세를

1899년의 물가

여성 전용이라는 삼등실 요금 40전으로는 당시 닭 두 마리를 살 수 있었다. 짚신 한 켤레는 10전이고 여인숙에서 밥 한 끼 사 먹는 값은 5전이었다. 또 쌀 1킬로그램은 4~5전이었다.

1825년 영국 철도가 처음으로 기적을 울린 지 74년, 아시아에서 인도에 철도가 건설된 지 46년 만에 이 땅에 첫 기적이 울리고 철도 교통 시대의 막이 열렸다.

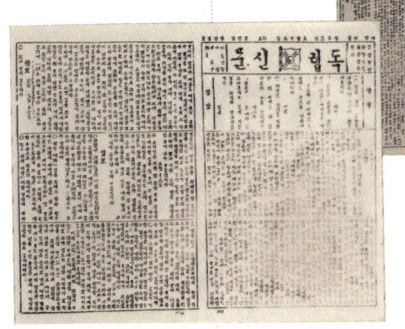

『독립신문』
경인선 개통 소식이 실려 있다. 1896년 서재필이 정부의 지원을 받아 창간한 우리 나라 최초의 민간 신문.

취하면서 서로 밀고 당기느라 북새통을 이루었다. 그때 배짱이 두둑해 보이는 젊은 이가 앞으로 나서더니 큰 바퀴에 손을 턱, 하고 갖다대자, 주위 사람들이 "야!" 하고 탄성을 올렸다. 그러자 일본인 기관사가 장난을 치는 게 아닌가? 갑작스레 쇠말뚝을 잡아당겨 연기를 뿜어내자 그 젊은이를 포함한 모든 사람들이 혼비백산하여 달아나느라 대소동이 벌어졌다. 우리는 객실 창가에 앉아서 그 모습을 바라보고 있었다. 일등실에 앉아 있는 일본 사람들과 서양 사람들이 그 모습을 보면서 "마치 무리를 지어 우왕좌왕하는 우둔한 양떼들 같군!"
하고 비웃기라도 할 것 같아 자존심이 상해서 견딜 수 없었다.
게다가 한쪽에서는 키 작은 일본 직원들이 우리 나라 사람들을 사정없이 몰아붙이고 있었다. 마치 폭력 시위대라도 다루는 것 같았다.

경인선 기차가 달리기까지

우리 나라에 가장 먼저 철도를 놓으려고 한 것은 일본이었다. 1894년 조선 땅에서 청나라와 전쟁을 벌이던 일본은 만주로 진출하는 발판을 마련하기 위해 경인선과 경부선 철도를 놓는 권리를 따냈다. 그러자 러시아·프랑스·독일 등이 나서서 일본이 한국에서 철도에 관한 권리를 독차지하지 못하도록 압력을 넣었다. 이때 우리 사회에서는 철도를 우리 힘으로 건설하자는 여론이 들끓었고, 대한 제국은 철도사라는 관청을 두고 철도를 놓으려고 했다. 그러나 자금이 부족한 데다 일본이 끈질기게 방해를 하는 바람에 이 시도는 물거품이 되고 말았다.

이런 상황에서 새롭게 경인선 건설의 권리를 따낸 것은 모스라는 미국 사람. 그러나 그는 자금이 부족해지자 대한 제국 정부의 허락도 받지 않고 일본의 경인철도인수조합에 권리를 팔아 넘겼다. 그리하여 경인선을 개통한 주인공은 일본인이 되고 말았던 것이다.

경인선을 달린 최초의 모걸 기관차

'우리 나라가 고속철 시대를 열고 내로라하는 교통 대국이 되기까지 할아버지 할머니들이 저런 모욕을 겪은 시절이 있었구나!'

하고 생각하며 두 주먹을 불끈 쥘 때 기적 소리가 요란하게 울리더니 드디어 기차가 출발했다.

『독립신문』 기자는 기적 소리에 귀를 막았다 열었다 하더니, 기차가 달리기 시작하자 창밖을 내다보며 벌어진 입을 다물 줄 몰랐다. 기차는 시속 20킬로미터 정도의 속도로 달리고 있었기 때문에 사실 그렇게 빠른 속도는 아니었다. 기자가 타고 온 자전거로도 그 정도 속력은 얼마든지 낼 수 있다. 하지만 온통 쇳덩어리로 이루어진 기차가 수많은 사람들을 싣고 그렇게 달린다는 것이 기자에게는 놀라웠나 보다.

얼마나 달렸을까, 창밖의 풍경이 이제 개항장 인천이라는 걸 알려줄 무렵 기자는 노트에다 무언가를 적기 시작했다. 신문사에 보낼 기사 같았다.

초창기 열차 기관사

초창기 증기 기관차

인천 월미도
1907년경 인천 월미도 부근의 철로를 달리는 기차들. 이 철길은 경인선의 지선으로 놓인 군사용 철도라고 한다.

"화륜거 구르는 소리는 우레와 같아 천지가 진동하고 기관차의 굴뚝 연기는 허공으로 솟아올랐다. 수레 속에 앉아 창밖을 내다 보니 산천초목이 모두 달리는 것 같고 나는 새도 미처 기차를 따르지 못했다. 80리(33킬로미터)나 되는 인천에 순식간에 도착했다."

시계를 보니까 10시 40분. 노량진을 출발한 지 한 시간 사십 분 만이었다. 옛날 역참병도 말을 타고 왔으면 그 정도 시간에 들어오고도 남았을 테니까, '순식간' 이라는 표현은 지나치다는 생각이 들었다.

하지만 달리 생각해 보면, 옛날 역참에서는 아무나 말을 탈 수 없었을 뿐 아니라 기껏해야 한두 명만 말에 탈 수 있었다. 그러나 기차는 다르다. 누구나 돈만 내면 탈 수 있고 한꺼번에 수많은 사람이 탈 수 있는 것이다.

"기차는 단지 빨라서가 아니라 많은 사람을 싣고 빨리 달리기 때문에 세상을 확 바꾸어 놓을 거야."

하고 내 마음을 읽은 듯 선생님이 말씀하셨다. 많은 사람들이 한꺼번에 기차를 타고 멀리 떨어진 곳까지 빨리 오가다 보면, 옛날보다 훨씬 많은 교류가 일어나고 사회의 발전도 빨라질 것이다.

만약 고려 역참을 체험하지 않았다면 기차의 이런 특징을 쉽게 이해하지 못했을 것이다. 기차가 빠르다고 감탄하는 기자를 보면서 "이까짓게 빠르긴 뭐가 빨라?" 하고 속으로 투덜거리기나 했겠지. 역시 역사를 안다는 것은 좋은 일이야!

철도 회사 측에서 한 시간 정도의 시간을 주었기 때문에 우리는 역에서 가까운 인천항을 따라 산책에 나섰다. 여러 나라의 깃발을 달고 있는 배들을 보니 국제항이라는 느낌이 확 와 닿았다. 연안 부두에서는 방금 들어온 기차에서 내린 짐을 인부들이 끌고 가서 배에 싣고 있었다. 배에서 내린 짐을 기차에 싣고 있는 인부들도 있었다. 기자의 말에 따르면 그 인부들은 죄를 짓고 옥살이를 하고 있는 죄수들이라고 했다.
 정오가 되자 인천에 있는 제물포 정거장에서 불꽃놀이도 하고 축포도 쏘면서 성대한 철도 개통식 잔치가 벌어졌다. 그리고 오후 한 시에 출발한 기차는 '순식간'에 우리를 다시 서울로 실어다 주었다.

| 세계로 열린 인천항과 경인선 |

인천이 외국에 문을 연 것은 1883년의 일이었다. 인구 70여 명의 작은 어촌에 불과하던 제물포(인천의 옛 이름)는 10년 후에는 76척의 배가 들어오는 국제 무역항으로 바뀌어 있었다. 미국, 영국, 독일, 러시아 등은 앞다투어 이곳에서 조선과 외교 관계를 맺었다. 옛날에는 외국 배들이 강화도에서 한강을 거슬러올라가 서울까지 갔지만, 인천 개항 이후로는 이곳에서 경인선 철도를 통해 서울과 연결되었다.

인천 개항장의 모습

1883년
현재

넓어진 인천항
개항을 전후하여 인천은 바다를 메워 커다란 무역항으로 거듭나게 되었다.

전차와 함께 사람들의 삶이 바뀌다

노량진 정거장을 나선 우리는 『독립신문』 기자를 따라 돈의문(서대문) 쪽으로 갔다. 근처에 있는 경희궁 앞이 전차의 출발점이었기 때문이다.

"이제 여러분이 탈 전차는 지난 4월 동양에서 두 번째로 개통된 교통 수단입니다. 오늘 개통한 기차는 공짜였지만 전차는 돈을 내고 타야겠죠?"

하면서 기자는 선생님에게 1전짜리 엽전 열한 개를 건네 주었다. 동대문까지 가는 전차는 상등 칸과 하등 칸으로 나뉘어 있었는데, 상등 칸이 3전 5푼이고 하등 칸이 1전 5푼이었다. 우리 학생들은 하등 칸에 타고 선생님은 상등 칸에 타시라는 배려였다.

그런데 전차가 저 멀리 광화문 앞을 지나쳐오는가 싶더니 그 자리에 멈추어 서서는 움직이지 않았. 웬일인가 싶어 전차가 멈춘 곳으로

다가가는데, 맥고모자를 쓴 할아버지가 차장에게 이끌려 전차를 내리고 있었다. 분위기가 자못 험악했다.

"야 이놈들아, 내 돈 내고 전차 한 번 타 보겠다는데 왜 사람을 내쫓고 난리야!"

기자가 차장에게 다가가 무슨 일이냐고 물었다. 할아버지는 그날 오전 바로 그 자리에서 전차를 탔는데 계속 내리지 않고 있다는 것이다.

"한 번 내리시긴 했죠. 소변이 마렵다고 하셔서 흥인지문(동대문)에서 한 번 내려 드렸더니 한참 일을 보시더라고요. 다른 승객들은 빨리 가자고 재촉하는데……."

그래서 더 이상 참을 수 없어서 강제로 내리게 하는 중이라고 했다. 전차 안을 들여다보았더니 그럴 만도 했다. 정원이 80명이라는 전차 안이 콩나물 시루처럼 100명도 훨씬 넘어 보이는 사람들로 꽉 들어찼다.

"당신 기자 양반이요? 이놈들 혼 좀 내 주시오. 돈 내고 탔는데 이렇게 쫓아내면 내 돈을 빼앗는 거나 마찬가지 아니오? 이놈들! 내 돈 내놔라, 고얀 놈들아!"

할아버지가 하도 소란을 피우는 통에 기다리다 못한 승객 가운데 화를 버럭 내며 전차에서 내리는 사람들도 있었다. 기자는 할아버지를 잘 달래어 부근에 있는 친척 집으로 보냈다.

그 할아버지는 전차가 좋다는 소문을 듣고 시골에서 논마지기를 팔아 가지고 올라온 분이었다. 당시에는 이런 풍조가 대유행이어서 '논 한 마지기 전차' 라는 유행어가 나돌 정도였다고 한다. 죽기 전에 쇳덩어리 괴물 한번 타 보겠다고 계를 붓는 노인들도 있다고 했다. 어떤 경상도 할아버지는 전차를 타고 내리면서 너무 흥분한 나머지 "이게 하늘이가, 땅이가?"를 계속 외쳤다는 이야기도 들었다.

전차 타는 재미에 맛을 들인 사람들이 매일 전차를 타고 놀다가 부부 싸움을 하는가 하면, 가진 재산을 날려 버리기도 한다고 기자가 덧붙였다.

초기 전차
돈의문에서 청량리까지 8킬로미터 단선 궤도를 달렸다. 운전수는 일본 쿄토전차에서 경험을 쌓은 일본인을, 차장은 한국인을 채용했다.

"그런 사람들이 저 할아버지처럼 한 번 타면 내리지 않곤 해서 전차는 늘 만원이란다. 그래서 정거장을 그냥 지나치는 바람에 하루 종일 기다려도 전차를 못 타는 사람이 많지."

 기자는 이렇게 설명한 뒤 기사 작성 때문에 신문사로 들어갔다. 이젠 우리끼리 선생님을 따라서 움직여야 했다. 곧 동대문 방향으로 가는 전차가 와서 올라탔다.

 전차가 서울 시내를 가로지르기 시작했는데, 오전에 탄 경인선 기차보다 속도가 느렸다. 전차 사업을 주도했던 미국인 콜브란이 1899년 4월 26일 개통식을 앞두고 보낸 초청장에는 "대중이 익숙해질 때까지 전차의 최고 속도는 시속 5마일(8킬로미터)로 운행할 것이며, 그 뒤로도 시속 15마일(24킬로미터)은 넘지 않을 것"이라고 적혀 있었다고 한다.

 그런데 잘 달리던 전차가 갑자기 덜커덩거리더니 급정거를 했다.

서울에서 전차가 달리기까지

1899년 당시 고종은 청량리에 있던 명성 황후의 능인 홍릉에 자주 행차했다. 많은 신하와 수행원을 데리고 한 번 행차하는 데 당시로서는 엄청난 액수인 10만 원 안팎의 경비가 들었다. 미국인 콜브란은 전차를 운행하면 한 번 행차하는 경비를 1만 원 이하로 낮출 수 있고, 그렇게 절약한 비용으로 국가 발전에 보탬이 될 수 있다고 고종을 설득했다. 또 평소에는 일반 시민의 교통 수단으로 이용하면 큰 이익을 얻을 수 있을 것이라고도 했다.
이 말을 받아들인 대한 제국 황실은 거금 75만 원을 투자하여 한성전기회사를 세우고 1898년 9월 15일 전차 궤도를 건설하는 첫 삽을 떴다. 그리고 이듬해 5월 17일, 즉 음력 4월 초파일을 기하여 성대한 개통식을 갖고 운행을 시작했다. 이렇게 달리기 시작한 서울의 전차는 일제 강점기를 거쳐 해방 후인 1968년까지 서울 시민의 발 노릇을 했다.

 바깥을 살폈더니 아기 업은 아주머니가 선로에 뛰어들다시피 해서 전차를 세웠던 것이다.
 "급하게 동대문 시댁엘 좀 가느라고……. 미안해요!"
 하고 아주머니는 너스레를 떨며 전차에 올랐지만, 그다지 미안한 기색은 아니었다. 전차가 만원만 아니라면 정거장이 아니더라도 아무 데서나 손만 들면 세워 준다는 사실을 이미 알고 있는 눈치였다.
 종로로 들어갈 때였다. 어디서 매캐한 연기 냄새가 나는가 싶더니 다시 전차가 덜커덩거리며 섰다. 승객들이 웅성거리고 있는 가운데 급히 창밖을 내다보니 몇몇 사람들이 모여 선로 위에서 무언가를 태우며 시위를 하고 있었다.
 "아이고, 아이고! 전차 때문에 우리 다 죽는다, 다 죽어!"
 전차에서 내려 앞으로 가 보니 불타고 있는 물건은 짚신이었다. 사연을 들어 보니 사람들이 전차를 타고 다니는 바람에 짚신이 닳지 않아 잘 팔리지 않는다고 했다. 그래서 서울의 짚신 장수들이 들고 일어나 전차 앞에서 시위를 하기로 했다는 것이다. 지나가는 사람들 말을 들어 보니 조금 과장을 하면 이런 식으로 태워 없앤 짚신의 양이 전차를 다 합쳐 놓은 것보다 많다고 한다.

전차 때문에 불만인 사람은 짚신 장수만이 아니었다. 구경꾼 가운데 한 남자가 나서서 짚신 장수의 손을 꼭 잡더니 이렇게 말했다.

"오죽 답답하면 이러시겠소. 그 심정 압니다. 내가 인력거 끌던 사람 아니오? 저놈의 쇳덩어리가 손님들을 다 빼앗아 가는 바람에 어제 인력거를 한강 물에 밀어 버리고 술 마시러 가는 참이오!"

그러자 옆에 서 있던 곱게 생긴 누나가 인력거꾼의 손목을 잡아끌었다.

"우리 집에서 한 잔 하세요. 우리도 전차 때문에 못 살게 됐기는 마찬가지예요. 아, 글쎄 술꾼들이 전차 타고 놀러 다니느라 술을 마셔야 말이지!"

인력거
1869년 경 일본인이 서양 마차를 본떠 만들었다. 우리 나라에는 1894년에 들어와 서울-인천 간을 운행했으며, 중간층에게 가마를 대신하는 교통 수단으로 큰 인기를 끌었다.

그 누나가 일한다는 술집의 주인은 간밤에 하도 화가 나서 술동이를 이고 전차에 달려가 운전사 머리에 술을 확 끼얹었다고 했다.

그런 모습을 보고 우리 시대에 고속철이 들어설 때 많은 사람이 반대했던 기억이 났다. 기술의 발전은 사람의 생활을 윤택하게 하는 것인데, 그것 때문에 손해 보는 사람도 있다는 것은 안타까운 일이었다. 근대 문물이 밀려들어오던 대한 제국은 그런 기술의 두 가지 모습이 두드러진 시기였다.

앞으로 고속철이든 휴대 전화든 새로운 기술로 만들어진 물건을 사용할 때면, 한번쯤은 그것이 주변 사람들에게 어떤 영향을 미치고 있는지 돌아봐야겠다고 생각했다.

전차와 함께 나타난 새로운 문화

조선 시대에는 밤 10시가 되면 종루에서 치는 종소리에 맞추어 서울 도성의 대문들을 닫고 통행을 금지했다. 스물 여덟 번 울리는 이 종소리를 '인정(人定)'이라고 했다. 그런데 전차가 다니면서 이러한 통행 금지 제도가 없어지고 도성의 대문을 닫지도 않았다. 전차가 밤 늦게까지 다녔기 때문이다. 도시의 밤 거리는 전깃불 덕택에 갈수록 밝고 화려해졌으며, 사람들은 점차 밤 문화에 익숙해졌다. 일제 강점기에는 밤 늦게 다니는 전차를 타고 도시의 야경을 구경하러 다니는 사람들도 많아졌다. 이처럼 전차는 새로운 교통 수단일 뿐 아니라 사람들의 생활을 바꾸어 놓고 수백 년 내려오는 나라의 관습마저 바꾸어 놓은 사회 현상이었다.

|전차와 우리 나라 최초의 교통 사고|

옛날에도 교통 사고는 있었을 것이다. 말발굽에 치일 수도 있고 수레 바퀴에 발이 낄 수도 있고 인력거에 꽝 부딪칠 수도 있었을 것이다. 그러나 교통 사고 하면 아무래도 거대한 쇳덩어리가 무서운 속도로 사람과 짐을 실어나르기 시작한 근대 이후가 생각난다.

특히 철도의 역사는 사고의 역사라고 할 만큼 철도에는 사고가 따랐다. 영국의 스티븐슨이 세계 최초로 발명한 기차는 운행을 개시하던 날부터 사람을 치여 죽이는 사고를 일으켰다. 우리 나라 최초의 기차 사고는 1899년 5월 26일 서울 파고다 공원 앞에서 전차에 의해 일어났다.

전차가 개통될 무렵 공교롭게도 온 나라가 가뭄이 극심해 민심이 흉흉했다. 서울 한복판에 물 먹는 쇳덩어리를 들여 놓았기 때문이라는 말들이 퍼졌다. 게다가 교통 안전이란 말조차 없던 때라 한성전기회사는 언제 사고가 일어날지 몰라 걱정이 많았다.

그러던 가운데 지금의 종로 2가에서 다섯 살짜리 어린이가 전차에 치여 죽는 일이 일어나고 말았다. 이 광경을 본 아이 아버지는 도끼를 들고 전차에 달려들었고, 이를 피해서 계속 달리려는 전차를 화가 난 군중이 부수고 불태워 버렸. 이 사건은 근대 최초 최대의 불상사로 대한 제국 정부에 큰 충격을 주었다. 고종은 사상자에게 보상금을 넉넉히 지급하도록 하고 다시는 사고가 일어나지 않도록 당부했으며 이 일로 전차는 한동안 운행될 수 없었다.

*이 책에서는 이야기의 흐름상 초기 전차 운행과 관련된 많은 일이 하루 동안 일어난 것으로 설정했다.

통근 전차를 탄 사람들

초기(일제 강점기) 전차 노선도와 1899년 사고 지점

전차와 통근 시대

전차를 이용하는 사람들이 늘어나면서, 늘 정원 초과 상태에서 달리곤 하던 전차는 대형 사고의 가능성을 달고 다녔다. 일제 강점기인 1929년에는 여학생들이 전차를 타고 꽃놀이를 가다가 전차가 뒤집히는 큰 사고를 당한 일도 있었다. 그래도 전차를 이용하는 사람들은 꾸준히 늘었고, 특히 직장과 집 사이를 출퇴근하는 이용자들이 많아졌다. 옛날에는 대개 직장과 집이 붙어 있었지만, 전차는 시내 상가와 외곽의 주거지를 빠르게 연결해 주었기 때문이다.

기차의 발자취

한국철도 100주년 기념우표

1999년 한국 철도는 백주년을 맞았다. 경인선이 개통된 이래 철도는 근대 교통의 대명사라고 해도 좋을 만큼 많은 사람과 물자를 실어 날랐다. 세계 기차의 발달과 맞물리며 다양한 모습으로 변화해 온 한국 철도의 역사 백 년을 소개한다.

▫ 증기 기관차는 식민지의 한을 싣고

한국 근대사는 외세의 침략과 그에 맞서 자주적 근대화를 이룩하려는 노력 사이에서 펼쳐졌다. 기차의 역사도 그러한 흐름에서 예외일 수 없었다.

일본은 대한 제국을 식민지로 만들고 계속해서 중국 대륙으로 세력을 넓혀 가고자 했다. 그래서 경인선에 이어 한반도를 남쪽에서 북쪽으로 꿰뚫는 철도 노선을 구상했다. 그것이 남쪽 끝의 부산과 북쪽 끝 압록강변의 신의주를 잇는 한반도 종단 철도였다.

그리하여 먼저 시작한 것이 경부선 철도 부설 공사. 1900년 공사가 시작된 경부선 철도는 1905년 444.5 킬로미터로 완공되었다. 그리고 이 철도는 부산과 일본 시모노세키를 오가는 관부 연락선을 연결 고리로 하여 일본 철도에 연결되었다.

이러한 철도의 연결이 상징하는 것처럼 그해 일본은 대한 제국의 외교권을 강제로 빼앗고 사실상 우리나라를 자기 것으로 만들었다.

이듬해인 1906년에는 서울 용산과 신의주를 잇는 경의선도 완공되어, 한반도의 대동맥을 이루는 철도 노선은 뼈대를 드러내게 되었다. 그 후 한국 철도는 일본의 식민지 경영과 대륙 침략에 봉사하게 된다.

□ 디젤 기관차는 산업화의 꿈을 싣고

일본이 물러가자마자 숨돌릴 틈도 없이 터진 한국 전쟁(1950~1953년). 이 전쟁 중에 철도는 군수 물품을 나르고 피란민을 수송하는 역할을 맡았다. 그리고 전쟁이 끝난 뒤에는 폐허가 된 나라를 재건하기 위한 물자를 수송하는 일을 맡았다.

1960년대 들어 대대적인 경제 개발이 이루어질 때 여기에 필요한 석탄, 시멘트, 석유 등 산업 물자의 70~80%는 기차가 실어 날랐다. 새롭게 등장한 디젤 기관차는 산업화의 꿈을 안고 전국의 철도를 누볐다.

1974년에는 수도권 전철이 개통되어 도시 전철 시대가 열렸고, 같은 해 등장한 새마을호는 서울 부산 간을 4시간 50분대에 달리면서 전국을 일일 생활권으로 묶었다.

□ 고속철은 세계화를 향하여

1970년대 초 고속도로가 개통되고 자동차가 늘어나면서 철도는 차츰 우월한 지위에서 밀려났다. 철도는 이같은 시대 변화에 발맞춰 차량과 시설을 현대화하고 다양한 관광 상품을 개발하는 노력을 기울여야 했다.

철도가 다시 대중의 관심을 끌게 된 계기는 고속철의 등장이었다. 1964년 일본의 신칸센에서 처음 모습을 드러낸 고속철은 2004년 한국에서도 시속 300킬로미터로 달리기 시작했다. 세계 다섯 번째의 고속철이었다. 험난한 한국 근·현대사와 백 년을 함께 했던 한국 철도는 이렇게 고속철과 함께 화려한 부활을 준비하고 있다. 이제 끊어졌던 남북한 철도가 이어지고 기차로 유라시아 여행을 떠날 날도 머지 않았다.

1899년	둘째 일정	작성자: 전설의 흑기사 영찬
	근대 통신 수단을 체험하다	

　이튿날 아침에는 고종 황제와의 면담이 예정되어 있었다. 아니 정확하게 말하자면 고종 황제와의 전화 통화가 예정되어 있었다고 해야겠다. 불과 30여 년 전에 봉화를 피우느니 마느니 하는 모습을 봤는데, 벌써 전화라는 첨단 통신 수단이 들어와 있다니……. 정말 모든 것이 빠르게 변하고 있었다.

　물론 이때도 우리가 봉수 체험을 했던 함경도의 망덕산 봉수대까지 전화기가 들어가 있는 것은 아니었다. 함경도는커녕 서울 시내에도 아직 전화선이 깔리지 않은 상태였다. 황제와 전화 통화를 한다는 것은 궁궐 안 몇 군데에 설치되어 있는 전화기로 이야기를 나눈다는

뜻이었다. 요즘 아파트 단지에서 각 세대와 경비실을 연결해 놓은 인터폰 같은 것이라고나 할까.

그러나 워낙 변화의 속도가 빨라서 전화선이 경인선과 서울 전차처럼 서울 곳곳을 연결하고 서울과 다른 도시를 연결하는 것은 그리 먼 일이 아닌 것 같았다.

일찍감치 아침을 먹고 기자의 안내를 받아 전차를 타고 종점인 경희궁 흥화문 앞으로 갔다. 그리고 경희궁을 나와 황제가 있는 경운궁(지금의 덕수궁)으로 건너갔다. 아침 햇살에 두 궁궐의 지붕이 반짝거리는 것이 보기 좋았다.

경운궁* 안에 있는 궁내부 건물로 들어서자 가장 먼저 눈에 띈 것이 커다란 전화기였다. 전화기 앞에는 교환수로 보이는 사람이 앉아 있었고 그 주위에 대신들이 왔다 갔다 하고 있었다.

조금 있자 참서관이라는 사람이 와서 이곳에서 잠시 기다리라고 했다.

*경운궁은 본래 왕족이 살던 개인 저택으로, 1897년 대한 제국을 선포하면서 황제의 궁궐이 되었다고 한다.

|1899년 세계는|

대한 제국은 자주적 근대화를 위해 많은 노력을 기울였지만 나라 안팎의 상황은 좋지 않았다. 1880년대부터 우리 나라를 둘러싸고 청나라와 경쟁을 벌여온 일본은 1894년 청나라와 전쟁을 벌여 이겼다. 그러자 러시아가 새로운 경쟁 세력으로 등장했고, 일본인 자객의 손에 왕비를 잃은 고종이 러시아 공사관으로 피신하는 '아관파천'(1896년)까지 벌어졌다. 이듬해 고종은 여론의 압력에 따라 경운궁으로 돌아와 대한 제국을 선포했다. 일본과 러시아를 선두 주자로 해서 열강이 저마다 이권을 챙기려고 다투는 싸움터가 되어 버린 대한 제국. 그 틈을 비집고 근대화된 독립 국가를 건설하려는 노력은 결코 쉽지 않았다.

전화는 절부터 하고 받으시오

"임금님이 사시는 궁궐에 전화기가 있을 줄은 몰랐어요. 이 전화기는 언제부터 쓰기 시작했나요?"

광현이가 궁금증을 참지 못하고 교환수에게 물었다. 그러나 교환수는 언제 황제로부터 전화가 걸려올지 몰라서인지 광현이 말은 들리지도 않는 눈치였다. 옆에 있던 관리가 대신 대답해 주었다.

"덕률풍(전화)은 작년(1898년) 1월 궁궐에 들여 놓았어. 황실이 직접 관리하는데 이 교환대뿐 아니라 궁중에 세 대, 그리고 정부 각 부에 한 대씩 모두 아홉 대가 있지. 요금은 한달에 17전이니까 전차 열한 번 타는 값이지."

관리가 전화기를 가리켜 말한 '덕률풍'은 영어 텔레폰(telephone)을 소리 나는 대로 한자로 표기한 것이라고 한다.

"황실이 직접 관리한다고요? 황제께서 전차는 안 타신다고 들었는데 덕률풍은 싫지 않으신가 봐요."

하고 혜리가 재미있다는 듯이 덕률풍이라는 말을 쓰면서 물었다. 교환수가 그제야 우리들 하는 말이 들리는지 끼어들었다.

세계 최초의 전화 통화

인류가 처음 전화로 의사를 교환한 것은 1876년 3월 10일의 일이었다. 자석을 이용한 전화기를 발명한 알렉산더 그레이엄 벨은 멀리 떨어진 조수와 전화 통화를 하면서 이렇게 말했다. "와트슨, 자네를 보고 싶으니 이리로 오게나!"
이것이 세계 최초의 전화 통화 내용이었다고 한다.

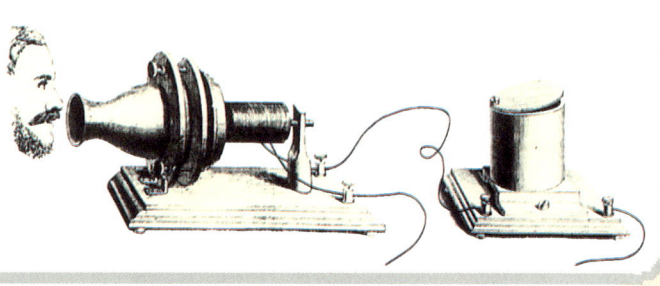

"좋아하시다마다. 오죽하면 돌아가신 조 대비 조문도 덕률풍으로 드렸을까!"
하면서 교환수는 전화로 하는 조 대비 조문에 얽힌 이야기를 들려 주었다. 헌종의 어머니로 고종을 왕위에 올리는 데 큰 역할을 했던 조 대비가 1890년에 돌아가셨다. 그러자 고종은 이듬해 조 대비 묘가 있는 동구릉에 임시로 전화선을 놓으라고 지시했다. 지금의 경기도 구리시에 있는 동구릉까지 가서 아침 저녁으로 문안을 하는 대신 전화로 문안을 드리려는 것이었다. 이 전화선은 조 대비의 3년상이 끝난 뒤 철거되었지만, 황실에 전화 조문이라는 새로운 풍습을 남겨 놓았다.

대한 제국의 전화기
벽걸이식 전화기로 송화기가 분리되어 있다. 수화기 판에 신호를 돌리는 손잡이와 딸딸이(종을 때려 소리를 내는 작은 쇠방울)가 달려 있었다.

"황제께서 꾀가 많으신가 봐요."
하고 광현이가 재잘거리다가 주변 사람들의 눈총을 받았다.
"그럼 그게 우리 나라 최초의 전화기였어요?"
재현이가 묻자 기자가 대답해 주었다. 전화기와 전화선이 우리 나라에 처음 들어온 것은 1882년 무렵의 일이었고 그때 120미터 간격을 두고 시험을 했다고 한다.

그때 전화 벨이 울렸다. 교환수가 받더니 "예, 폐하!"하고 바로 일어나서 예의를 갖추었다. 고종 황제로부터 걸려온 전화라고 해서 내가 바로 전화를 받으려고 하자 교환수는 질색을 했다.

"어디 불경스럽게 폐하의 덕률풍을 받으면서 바로 수화기를 들어? 냉큼 네 번 절하고 받지 못하겠니?"

교환수의 말이 당황스러웠지만, 로마에서는 로마의 법을 따르는 법. 시키는 대로 그 자리에서 전화기에다 대고 절을 네 번 했다. 그리고 난 다음에도 넙죽 엎드려 두 손으로 공손히 수화기를 받아 들어야 했다.

"너희들이 날 보려는 까닭이 무엇인고?"

옛날 임금의 목소리를 전화기로 듣게 되다니, 정말 신기했다. 나는 전날 경인선 개통식에 참석했던 일을 보고하면서 황제가 좋아하는 전화 이야기도 듣고 싶다고 했다.

고종 황제도 경인선 개통식이 궁금했던지 바로 전화를 끊고 들어오라고 허락했다. 수화기를 교환수에게 건네고 황제를 알현할 준비를 하는 동안 기자가 '덕률풍 예절'에 대해 설명해 주었다.

"황제 폐하께 덕률풍을 받을 때는 누구나 그런 예의를 갖춰야 해."

고종은 외세와 그에 빌붙은 아첨꾼들에게 워낙 시달렸던 탓에 사람을 잘 믿지 못한다고 했다. 가까운 대신도 마찬가지였다. 그래서 대신을 거치지 않고 전화기를 이용하여 당사자에게 직접 지시를 내리는 일이 많다고 했다. 황제의 전화를 받을 사람에게는 비서를 미리 보내 시간을 알려 주었다.

  그러면 전화 받을 사람은 붉은 띠를 두른 관복을 갖추어 입고 상투를 고쳐 세워 마음의 준비를 해야 했다. 그리고 전화기에 대고 크게 네 번 절을 한 다음, 엎드려 두 손으로 공손히 수화기를 들어 귀에 대고 있어야 했다.

  고지식한 신하들은 이런 고종의 태도를 비난했다고 한다.

  "외국에서 들여온 요상한 기계로 황제의 지엄한 목소리를 전하는 것은 황제의 권위와 체신을 위해서나 국가의 체면을 위해서나 아니 될 일이옵니다."

  하지만 고종은 아랑곳하지 않았다. 오히려 전화를 퍽 즐기는 편이어서 나라의 어른이 죽었을 때는 전화로 곡을 할 정도였다고 한다.

고종 황제를 만나서는 뜻밖의 이야기를 들을 수 있었다. 우리가 경인선을 타고 인천까지 가서 연안 부두를 돌아보았다고 하자, 눈을 반짝이며 이렇게 말하는 것이었다.

"거기서 죄수들이 일하고 있더냐? 내 2년 전에 덕률풍 덕분에 죽을 운명이던 사형수 한 명을 살려서 그곳으로 보낸 적이 있었느니라."

우리는 인천 부두에서 봤던 죄수들을 생각하며 황제의 이야기에 귀를 기울였다.

조선이 대한 제국으로 바뀌기 직전인 1897년 8월 26일. 이날은 인천 감옥 사형수 김창수(22세)의 사형 집행일이었다. 예나 지금이나 사형은 임금이나 대통령의 결재를 한 번 더 받고 집행하도록 되어 있었다. 고종은 그날의 사형수 명단을 제대로 읽어 보지도 않고 대충 결재해 주었다. 그런데 뒷걸음치면서 물러나던 승지가 고개를 갸우뚱하면서 다시 들어 왔다. 특이한 죄목을 가진 사람이 있어서였다.

죄목 : 국모보수(國母報讐)
내용 : 왕비를 살해한 원수라면서 일본 장교 쓰지다를 일본도로 마구 찔러 살해한 죄임.

백범 김구의 치하포 의거

고종이 장거리 통화로 살려낸 사형수는 1894년 동학 농민 전쟁에도 참여했던 애국 청년 김구였다. 그는 치하포란 곳에서 일본군 장교를 죽인 죄로 인천에 투옥되었다. 그 뒤 감옥에서 탈출하여 마곡사라는 절에서 한동안 승려 생활을 하며 숨어 지냈다.

『백범일지』와 시외 전화

미국 콜롬비아 대학에서 소장하고 있는 『백범일지』는 1896년 9월 29일 서울 인천 간 시외 전화가 개통되었다고 기록하고 있다. 그러나 공식 기록에는 서울-인천 간 시외 전화가 이보다 4년 뒤진 1900년 7월 1일에 정식으로 개통되었다고 나와 있다. 따라서 1897년 김구 선생을 살린 시외 전화가 인천 관아에 설치되었는지 인천의 일본인 공관에 있었는지는 정확히 알려져 있지 않다.

『백범일지』

'국모보수' 라 함은 "왕비의 원수를 갚았다"는 뜻인데, 여기서 왕비는 일본인 손에 살해 당한 명성 황후를 가리켰다.

고종은 눈이 휘둥그레졌다. 왕비를 잃고도 한 명의 범인도 잡지 못해 울분에 잠겨 있던 고종에게는 이 사형수가 대견했다.

"황제 즉위식을 앞두고 저런 의로운 사람을 죽일 수는 없어. 이 죄수에 대한 사형 집행을 두어 달 연기시키라고 해라!"

그러나 사형 집행 시간까지는 불과 한 시간 반. 시간이 없어도 너무 없었다. 아무리 빠른 말을 타고 가도 한강을 건너 인천 감옥까지는 두 시간 넘게 걸리기 때문이다. 그때 한 줄기 빛이 두 사람의 머리를 동시에 스쳐갔다. 사흘 전에 가설하여 시험 운영 중이던 서울-인천 간 시외 전화!

승지는 부랴부랴 인천으로 장거리 전화를 걸었고 30분 후 인천 교환수에게 연결되었다. 황제의 명령을 전화로 받은 사람은 급히 말을 타고 인천 감옥으로 달려갔다. 그리하여 사형수는 아슬아슬하게 목숨을 구하고 연안 부두 준설 작업의 흙짐 운반에 동원되었던 것이다. 전화 덕분에 목숨을 건진 사형수가 다름아닌 독립운동가 김구 선생님이었다. 그 뒤 김구 선생님은 감옥을 탈출하여 항일 투쟁을 계속해 나갔다고 한다.

1882년에 첫선을 보인 전화가 15년 만에 김구 선생님을 살렸다는 이야기는 감동적이었다. 이거야말로 인간을 위한 기술의 산 증거 아닐까?

하지만 그런 전화가 실생활의 벗으로 뿌리내리기까지는 숱한 시련을 겪어야 했다. 경운궁을 나서면서 선생님은 이날 이후 전화의 보급에 관해 간략한 이야기를 들려 주셨다.

전화가 궁궐 밖으로 나가 일반 가입자를 받기 시작한 것은 1902년 6월의 일이었다. 당시 서울의 한성전화소는 13명의 가입자로 전화 업무를 시작했고, 이듬해에는 인천에도 12명의 가입자가 생겼다. 당시 최초의 전화 법령은 "사람이 전화를 하려고 기다릴 때는 10분 이상 통화할 수 없다."라는 것이었다. 통화료는 5분에 50전이었다. 그 당시 전화기에 귀만 대면 사람의 목소리가 들리는 게 신기하여 "여보세요."라고 했던 것이 최근까지 전화 인삿말로 내려오다가, 휴대 전화 때문에 점차 사라지고 있다. 휴대 전화에는 발신자 정보가 표시되기 때문에 "응, 나야."라든가 "왜 또 걸었어요?"라는 식으로 바로 용건을 말한다는 것이다. 초기에는 전화기 옆에 전어 감사라는 사람이 지키고 있으면서 혹시 상스러운 말이나 예의에 어긋난 일을 하는지 감시했다고 한다.

그런데 궁중에서와는 달리 일반인은 전화 이용을 꺼렸고 미워하기까지 했다고 한다. 덕률풍이 가뭄을 몰아와 농사를 망친다느니, 전화기 속에는 번개 귀신이 숨어 있다느니 하는 미신이 널리 퍼졌다. 그래서 전화 소리만 들으면 벌벌 떨면서 꽁무니를 빼는 사람들이 많았다. 죽을 사람도 살려내는 마법의 통신 수단인 줄도 모르고 말이다.

우리 나라 전기 통신의 시작

대한 제국 때 인천의 한 세관 관리가 서울에 있는 아버지에게 아들을 낳았다는 전보를 쳤다. 그러자 전기 속에 부정한 기운이 있다고 믿던 아버지는 그 손자를 평생 집안에 들이지 않았다고 한다.

전기로 음성을 실어 보내는 전화와 달리, 전신이라고도 하는 전보는 전기로 약속된 신호를 보낸다. 그러면 받는 사람이 그 신호를 글자로 받아 적는 것이다. 이때 '또 또또 또' 하고 전달되는 신호는 미국의 모스라는 사람이 만들었다고 해서 모스 부호라고 한다.

전신은 전화보다 한발 앞서 1885년부터 실제 통신에 이용되었다. 손자를 외면한 할아버지처럼 처음에는 일반인들로부터 오해를 받기도 했지만, 우리 나라 전기 통신은 꾸준히 발전했다. 1894년에 청나라와 일본이 우리 나라 땅에서 전쟁을 벌이는 바람에 파괴되어서 그렇지, 정상적인 환경이었으면 비약적인 성장을 보였을 것이다.

사실 전기 통신은 외국에서 일방적으로 받아들이기만 한 것이 아니었다. 조선 후기 사상가인 최한기는 『전기론』이라는 글을 써서 도체와 부도체, 전기의 발생 등에 관해 해박한 지식을 보여 주었다. 1885년 우리 나라 최초의 전신을 개통하는 데 공을 세운 사람 중 한 명도 김학우라는 조선의 기술자였다. 이런 선구자들이 있었기에 오늘날 우리 나라 정보 통신이 세계적으로도 유례가 없을 만큼 빠른 속도로 발전하고 있는 것이다.

전기로 음성을 보내고 - 전화

전기로 신호를 보내고 - 모스 전신기

전기로 그림을 보내고 - 팩시밀리

전기 통신을 위한 전선이 거미줄처럼 연결된 서울 거리.

미래를 향해 편지를 부치다

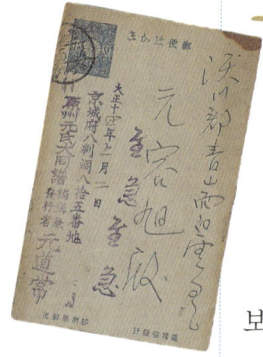

근대 엽서
우표가 인쇄되어 있는 카드 형태의 편지지이다.

고종 황제를 알현하고 나온 우리는 교환수에게 고마웠다는 말을 하고 궁내부 건물을 나섰다. 그리고 점심을 먹은 다음 가을볕이 따사로운 9월의 궁궐 안을 산책하면서 한가로운 오후 한때를 보냈다.

산책을 하던 도중 나무 그늘을 찾아 그 아래에 앉아서 부모님께 보내는 편지를 썼다. 오랜만에 손으로 편지를 쓰려고 하니까 영 어색하고 불편했지만 마음만은 즐거웠다. 이번 탐방에서 느낀 것이 많았기 때문이다. 다 쓴 다음 그 편지를 한 부 베껴서 배낭에 넣고 원본은 손에 든 채 경운궁을 나섰다.

이제 최종 목적지인 우체국에 가서 이 편지 원본을 봉투에 넣어 부치기만 하면 이번 교통 통신 역사 탐험은 끝이 난다. 물론 대한 제국의 우체국에서 대한 민국의 아파트 단지로 편지가 배달되지는 않을 것이다. 그래도 이렇게 내 진심을 담은 편지와 함께 이제 막 시작된 근대 우편 서비스를 체험하고 싶었다.

근대 우편의 시작

우리 나라에서 우체국이 처음 문을 연 것은 1884년의 일이다. 그해 우체국 업무를 총괄하는 우정총국이 문을 열고 큰 잔치를 벌였다. 그런데 이 축하 장소는 갑신정변의 무대가 되었고, 이 정변으로 정권을 잡은 개화파가 사흘 만에 무너지는 바람에 우편 업무도 중단되었다. 우정총국이 다룬 우편 업무는 20일 동안 행낭 두 개가 서울과 인천 사이를 오간 것이 전부였다.

우체국 업무가 다시 시작된 것은 10년 뒤, 농상공부 통신국 밑에 24개의 우체사를 두면서였다. 그리고 1900년에는 한성우체사로 하여금 전국의 우체사를 맡아 관리하도록 했다.

서울 조계사 자리에 있는 우정총국

문득 개경에서 지방으로 보내는 문서를 모아 내려보내던 고려의 청교역이 생각났다. 거기서는 개인의 문서는 아예 받지도 않았고 공문서라도 엄격한 심사를 거친 것만 받아 주었다. 그러나 대한 제국의 우체국은 다를 것이다. 개인의 편지도 우표만 사서 붙이면 이 세상 어디까지든 배달해 주는 새로운 통신의 역사가 시작되고 있을 것이다.

서울의 우편을 맡아서 처리하는 우체국은 한성우체사라고 했다. 그곳까지 걸어가는 길에 우선 돈의문 앞에 있는 우표 가게에서 우표를 샀다. 서울 안에 있는 주소로 가는 편지는 다른 지역으로 가는 것에 비해 반 값의 우표만 부치면 되었다. 아빠와 엄마가 살고 있는 우리 집은 비록 100년의 세월을 사이에 두고 있기는 하지만 어쨌든 서울 안에 있으므로 나도 반 값짜리 우표를 샀다.

근대 초기 우표

1. 문위 우표
1884년 우정총국이 문을 열면서 사용된 최초의 우표는 단위가 5문, 10문 하는 '문'이었으므로 이렇게 불렸다. 태극의 원형인 듯한 그림은 음양의 조화를 뜻한다고 한다. 문위 우표는 쓰인 기간이 워낙 짧아서 소인이 찍혀 있는 것은 전 세계를 통틀어 겨우 석 장뿐이다.

2. 태극 우표
1895년에 우편 업무가 다시 시작되면서 쓰였으며, 미국에서 인쇄되었다. 이때는 단위가 '문'에서 '푼'으로 바뀌었으며 한가운데에는 태극 무늬가 찍혀 있다.

3. 가쇄 우표
1897년 10월, 국호가 '조선'에서 '대한 제국'으로 바뀌자 우표를 다시 만들 형편이 못 되어 '대한'이라고 새긴 도장을 파 '죠션' 위에 찍어 사용했다. '가쇄'란 인쇄를 한 번 더 했다는 뜻.

초창기 우체통
대한 제국 때에는 '우정궤함'이라고 불렸다.

우표 한가운데에는 태극 무늬가 선명하게 새겨져 있고 무늬 둘레에 '죠션 우표'라고 씌어진 글자가 있었는데, 그 위에 '대한'이라는 글자가 덧씌워져 있었다. 나라 이름이 바뀐 것을 알려 주는 표시였다.

우표를 사 들고 나오는데 집배원이 가게 옆에 있는 우체통에서 우편물을 꺼내고 있었다. 우편물을 다 꺼낸 다음에는 우체통 문을 닫고 자물쇠를 잠그더니 열쇠를 허리춤에 넣었다.

"아, 저분을 따라가면 우체국으로 가겠구나!"

우리는 그렇게 생각하고 집배원에게 다가갔다. 그런데 집배원은 우체통에서 꺼낸 우편물을 하나하나 살펴보다가 어떤 편지를 보고는 인상을 찡그렸다.

"왜 그러세요, 아저씨? 뭐가 잘못됐어요?"

하고 우리가 걱정스러운 표정으로 묻자 집배원은 풀 죽은 얼굴로 방금 꺼낸 편지를 보여 주었다. 거기에는 이런 주소가 적혀 있었다.

'셔울 문 밖 쳥패 고개 나주셔 올라온 양쳔 허씨 댁 입납'

집배원 이야기

체전부라고 불린 초기 집배원들은 당시 완고한 양반들로부터 천대와 멸시를 받으면서도 근대화의 기수 노릇을 해 왔다.

갑신정변 후 10여 년 만에 우편이 재개되었을 때만 해도 서울 장안에서 접수된 우편물은 보름 동안 1백37통 정도였을 만큼 그다지 널리 이용되지는 않았다. 그러나 사람들이 차츰 우편의 편리함을 알게 되면서 이용량이 늘어나게 되었고, 체전부는 소중한 존재라고 해서 '체주사', '체대감'이란 호칭으로 불리기도 했다. 이들이 집배원으로 불리기 시작한 것은 현대에 들어와 1967년 '집배원의 날'이 제정되면서부터였다.

이것을 오늘날의 맞춤법으로 풀어 보면 다음과 같이 된다. "서울 사대문 밖에 청패 고개란 곳이 있는데, 그곳에 전라도 나주에서 올라온 양천 허씨가 사는 집이 있으니 이 편지를 배달해 주시오."

기가 막혔다. 지금이야 또박또박 번지나 아파트 동·호수를 적지만 그때만 해도 아직 정확한 주소에 대한 의식이 없었던 것이다.

"이런 편지를 어떻게 배달해요? 그냥 도로 보내 버리세요!"

하고 광현이가 흥분하자 집배원은 조용히 고개를 가로저었다.

"나는 우체통에서 편지를 모아서 우체국에 갖다 주는 사람이고 배달하는 사람은 따로 있어. 어쨌든 아무리 주소를 찾기 어려워도 편지 받을 사람한테는 꼭 전해 주는 게 우리 할 일이란다."

우리는 모두 집배원의 말에 감격하며 그분을 따라 갔다.

집배원을 따라가면서 이야기를 들어 보니까 집배원의 애로 사항은 그것만이 아니었다. 가까스로 편지가 배달될 집 근처까지 가서 그 집이 맞나 안 맞나 이리 기웃 저리 기웃 하다가 봉변을 당하기도 했다. 낯선

초기 집배원

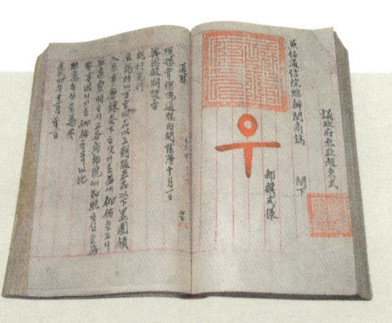

잡안
1903년 통신을 총괄하던 통신원의 각종 문서.

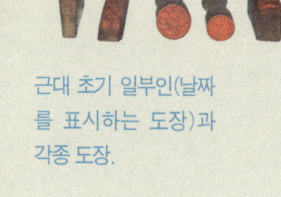

근대 초기 일부인(날짜를 표시하는 도장)과 각종 도장.

사내가 양반 집 안마당을 기웃거린다고 "웬 놈이냐!" 하는 호령과 함께 잡아들이는 사람도 있기 때문이다. 그러면 법도를 어겼다 하여 볼기를 맞고 쫓겨나는 수모를 숱하게 겪은 사람들이 바로 근대 초기의 집배원이었다.

  그런데 거기서 끝난다면 그나마 다행이라고 했다. 매 맞고 쫓겨나는 통에 편지를 제대로 전할 수 없었다면 문제는 더욱 커졌다. 그냥 그 편지를 들고 우체국으로 돌아가면 위로의 말은커녕 다시 매가 기다리고 있었기 때문이다. 집배원으로서 책임을 다하지 못했다는 벌로 늘씬하게 두들겨 맞아야 했으니 참으로 답답하고 억울한 노릇이었다.

  "그래서 우체국에 가면 한쪽 마당에 곤장과 형틀이 놓여 있단다."
하고 말하는 집배원의 얼굴에는 그늘이 져 있었다. 이분들이야말로 근대 통신의 아침을 온몸으로 열어 가는 진짜 선구자라는 생각이

비가 오나 눈이 오나
초기 집배원은 고달픈 신세였다. 궂은 날에도 편지를 배달하러 다녀야 했고(왼쪽 그림) 편지를 제대로 전달하지 못하면 매를 맞는 수모(오른쪽 그림)를 겪어야 했다.

들었다. 문득 고려 시대에 역참 사이를 달리던 전령들이 생각났다. 그 사람들은 말 타고 신나게 달리기라도 했는데 이분들은 온종일 걸어 다닌다. 주소가 제대로 쓰여 있지 않은 편지라도 끝까지 주인을 찾아 준다는 사명감으로.

"지방에 가는 우편물은 말에 실어 보내나요? 아 참! 어제 경인선이 개통됐으니까 인천에는 이제 기차로 가겠군요."

하고 지수도 고려 역참 생각을 했는지 질문을 던졌다.

"이제부터는 기차로 가겠지. 지금까지는 서울 집배원과 인천 집배원이 중간 지점까지 걸어가서 우편물을 교환했단다."

하고 집배원이 대답했다. 중간 지점은 지금의 서울 오류동. 매일 아침 아홉 시에 서울과 인천에서 집배원이 출발하여 오후 한 시에 만난다. 우편물이 든 주머니를 교환하는 시간은 20분. 그리고 다시 각자 우체국으로 돌아가면 오후 다섯 시 이십 분이 된다는 것이다.

「경성내우정집신분전구역도」
초창기 서울 시내 우편물 수집과 배달의 체계를 표시한 지도

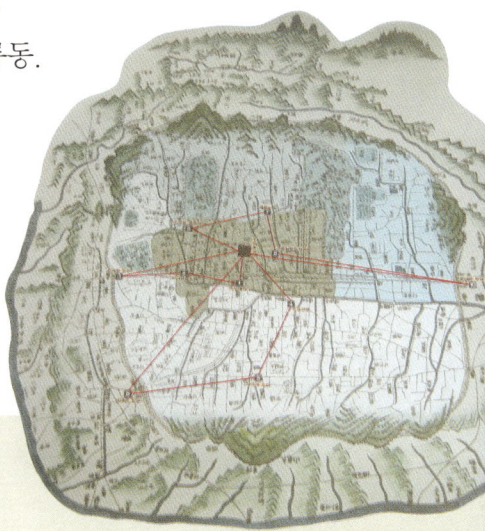

초창기(1884년) 우편물 수집 및 배달 시간표

수집 (집신)
1. 오전 7~9시에 수집하여 8시 10분까지 우정총국으로 돌아간다.
2. 오후 5시~ 5시 반에 수집하여 5시 40분까지 돌아간다.

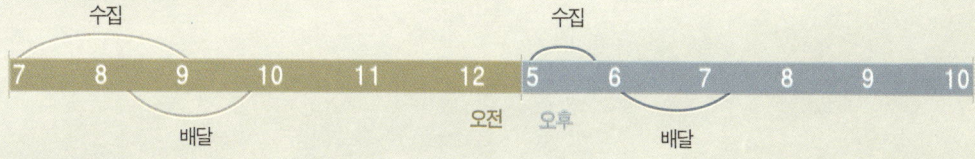

배달 (분전)
1. 오전 8시 반~ 9시 반에 배달하고 9시 45분까지 돌아간다.
2. 오후 6~7시에 배달하고 7시 15분까지 돌아간다.

"점심은 언제 먹어요?"

하고 우리는 입을 모아 물었지만 어리석은 질문이었다. 옛날 사람은 점심을 먹지 않았으니까. 설령 간식을 먹었다 해도 걸어 가면서 주먹밥으로 해결했을 것이다.

이윽고 중앙 우체국인 한성우체사에 도착했다. 안에서는 편지 분류 작업이 한창이었다. 그런데 여기서도 우표만 붙이면 아무 우편물이나 다 보내주는 게 아니었다. 음란물이나 칼 따위 무기류, 도자기처럼 깨지기 쉬운 물건은 받아 주지 않았다.

그 모습은 잊고 있던 소박한 진리를 일깨워 주었다. 근대 교통 통신은 이전에 생각도 하지 못했던 개인 간의 만남과 연락을 자유롭게 해

주었다. 그러나 국가와 국가가 연결되든 개인과 개인이 연결되든 교통 통신은 사회적인 것이다. 따라서 함께 살아가는 수많은 사람들에게 피해를 주는 행위는 자제해야 하고 때로 금지 당할 수도 있는 것이다.

앞으로는 인터넷을 사용할 때에도 이 점을 명심해야겠다고 생각하면서 준비해 간 편지를 우체사 직원에게 건넸다.

편지의 역사는 배달 수단의 역사

『춘향전』에 보면 변 사또의 수청을 거절한 춘향이가 옥에 갇혀 눈물 젖은 연애 편지를 쓴다. 이 편지는 심부름꾼 손에 들려 서울의 이몽룡에게로 향한다. 공교롭게도 과거에서 장원 급제한 이몽룡은 암행어사가 되어 변장한 채 남원으로 내려오다 중간에서 이 편지를 가로채 읽는다. 그게 이몽룡이었기 망정이지 큰 배달 사고가 난 셈이었다.

편지의 역사는 배달 방법의 역사이다. 이것은 곧 통신이 교통의 발전에 따라 발전했다는 말이다. 『춘향전』에서처럼 사람이 걸어서 편지를 전달하던 시대가 있었다면, 말을 타고 배달하던 시대가 있었다. 근대에 들어와서는 배와 철도와 자동차의 등장으로 수많은 편지를 훨씬 더 빨리 전달하게 되었다. 그러다가 비행기가 등장하면서 '항공 우편'의 시대가 도래했다. 항공 우편을 이용하면 세계 어느 곳이든 일주일 안에 편지를 배달할 수 있다.

그렇다면 지금은 어떤가. 컴퓨터의 발명은 그냥 하늘을 나는 정도가 아니라 '빛의 속도'로 편지를 전달하는 시대를 이끌어냈다. 정말로 순식간에 지구 반대편으로 편지가 날아가는 것을 보면서, 밤새워 쓴 편지를 보낼까 말까 고민하다가 우체통에 살며시 밀어 넣고 며칠 동안 가슴 조이며 기다리던 시절이 까마득하게만 여겨진다.

옛날 편지 봉투와 편지지

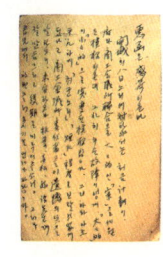

항공 우편

엄마 아빠께

이제 교통 통신 역사 탐험이 거의 끝나 가요. 정말 재미있었어요. 사람과 사람을 맺어 주기 위해 우리 조상들이 이만큼 노력했기에 오늘날 발달한 초고속 교통 통신도 이루어질 수 있었구나 하는 생각이 들었어요.

아빠 엄마랑 고속철 타고 놀러 가다가 휴대 전화를 꺼뜨렸을 때 일이 생각나요. 저는 그동안 휴대 전화나 컴퓨터를 너무 개인적으로만 대해 온 것 같아요. 그냥 제가 즐거우면 되고 제가 놀러가는 데 도움이 되면 된다고 생각한 것 같아요.

이번 역사탐험을 통해 절실하게 느낀 것은 교통 통신을 대하는 우리 조상들의 자세가 너무도 진지하고 성실하다는 거였어요. 어머니를 찾아가기 위해 5년을 기다렸다가 한달이나 걸어가던 고려의 김천 아저씨, 목숨을 걸고 봉화를 지키던 조선의 봉수장 아저씨, 전화 한 통화를 하기 위해 옷을 갖추어 입고 엎드려 절하던 대한 제국 관리들……

교통 통신은 어차피 다른 곳에 사는 사람들과 교류하는 수단이잖아요? 그래서 이번 탐험 도중 만난 우리 조상들은 모두 가족과 동료를 사랑하고 우리 나라를 사랑하는 사람들이라는 생각이 들었어요. 저도 앞으로는 그런 마음을 갖고 기차도 타고 전화도 걸 거예요.

아빠 엄마 사랑해요!

광화문우체국

지금의 서울 세종로 80번지에 있던 한성우체사가 조선 시대의 중앙 우체국이었다면, 길 건너편의 광화문우체국은 오늘날의 대표적인 우체국 가운데 하나이다.

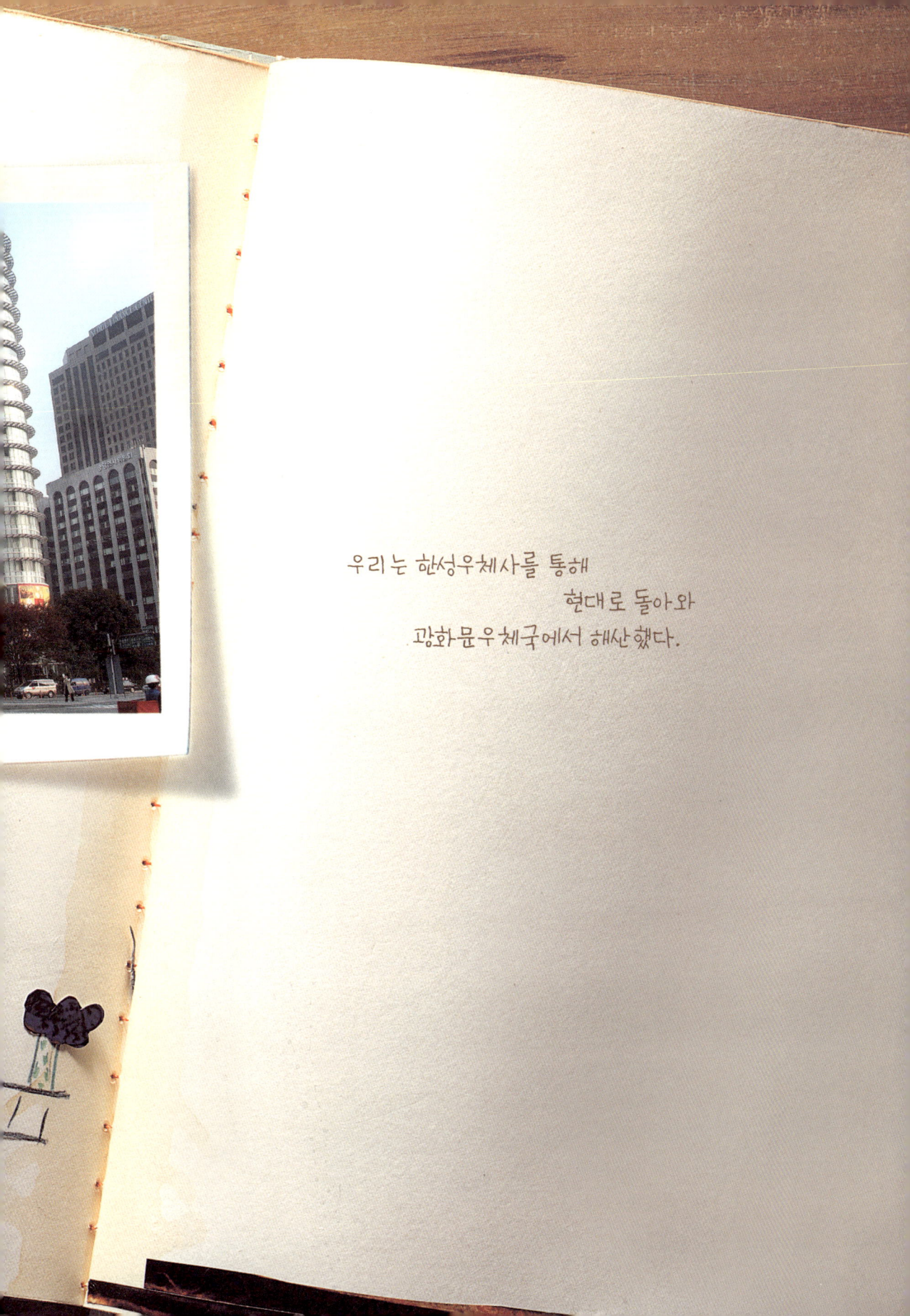

우리는 한성우체사를 통해
현대로 돌아와
광화문우체국에서 해산했다.

교통 통신 역사 탐험을 마치며 : 세계 속의 U-코리아를 향하여

옛날 교통 통신 체험을 마치고 현대로 돌아온 뒤 한동안은 모든 것이 어리둥절했다.

고려 시대에는 개성에서 한 나절을 달린 끝에 겨우 파주 혜음원에 도착했는데, 고속철을 타니까 서울과 부산도 한나절에 왕복한다. 조선 시대에는 함경도에서 서울까지 급한 소식을 전하려고 봉화를 피우면 열두 시간이 넘게 걸렸는데, 지금은 미국 사는 외삼촌한테 장난 전화만 해도 바로 받는다.

사실 먼 옛날까지 갈 것도 없이 엄마 아빠의 젊은 시절하고만 비교해 보아도 교통 통신은 엄청난 변화를 겪었다. 고속철이나 휴대 전화, 초고속 인터넷 같은 첨단 교통 통신 수단은 우리 세대가 이 세상에 태어날 무렵인 20세기 말이나 21세기 들어와서 사용되기 시작한 것들이다.

돌이켜 보면 인류는 수백만 년 동안 두 발로만 교통을 했고 입과 몸짓으로만 통신을 했다. 그러다가 가축을 길들이고 바퀴를 만들어 교통 통신에 이용하기 시작한 것은 고작 만 년. 그리고 역참과

봉수라는 확고한 교통 통신 제도를 만들어 수천 년 간 이용해 왔다. 근대 과학 기술이 탄생시킨 내연 기관과 전기를 인류가 교통 통신에 이용하기 시작한 것은 이백 년도 채 되지 않는다. 그런데 지금 우리는 인터넷과 고속철, 항공기의 발전으로 세계가 하나의 마을을 이룬다는 지구촌 시대에 들어와 있다.

 어른들은 가끔씩 이런 무시무시한 속도에 놀라고 피곤해 하면서 옛날이 좋았다고 말씀하신다. 이메일 대신 편지지에 사연을 쓰고 우표를 붙여 보내던 옛날, 고속철 대신 기적 소리 낭랑한 증기 기관차를 타고 여행 가던 옛날 말이다. 만약 그런 생각을 고려 시대 역졸이나 대한 제국의 집배원한테 말한다면 그분들은 화를 낼 게 틀림없다. 지금처럼 빠른 교통 통신을 얼마나 간절히 바랐는데 무슨 배부른 소리냐고 하면서.

 그래, 바로 그거다! 교통 통신은 계속해서 빨라지고 편리해져야 한다. 세계의 모든 나라가 일일 생활권이 되고 달나라도 쉽게 왔다 갔다 할 수 있도록 발전해야 한다. 다만 교통 통신의 본래 목적은 사람과 사람 사이를 더욱 가깝게 하는 것인데, 교통 통신이 발전할수록 사람이 더욱 바깥 세계와 문을 닫아걸게 된다면 그건 곤란하다.

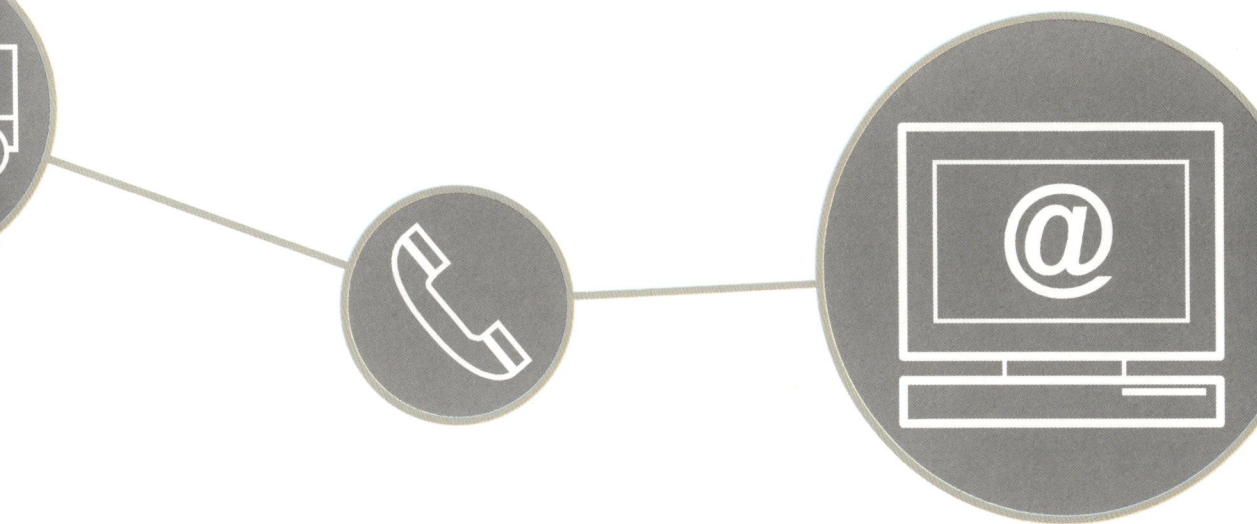

우리 나라 초등학생은 네 명 당 한 명 꼴로 휴대 전화를 가지고 있다고 한다. 이것은 세계 최고 수준이다. 우리 나라 초등학생들의 인터넷 사용률도 무척 높다. 초등학생이 이럴 정도니까 나라 전체를 놓고 다른 나라와 비교해 봐도 우리 나라의 교통 통신은 거의 모든 부문에서 세계 최고를 달릴 수밖에 없다. 그만큼 우리가 어릴 때부터 새로운 교통 통신 수단에 대한 관심이 높고 실제 기술도 발전했다는 뜻일 것이다.

하지만 우리는 휴대 전화나 인터넷을 의사 소통보다는 오락용으로 사용할 때가 많고, 그것 때문에 오히려 가족을 비롯한 많은 사람들과 마음을 터놓는 대화를 하지 못할 때가 많다. 얼마 전에는 우리 나라가

교통 강국 코리아를 향하여

1. 자동차 생산량 (2004년)

2004년 현재 전 세계 자동차 생산량은 6,407만 대에 이른다. 한국은 5위 수준을 유지해 오다가 2002년 중국에 추월 당했다.

한국 6위	미국 1위	중국 4위
346만 9천대	1,198만 9천대	507만 1천대
(5.4%)	(18.7%)	(7.9%)

출처 : 한국자동차공업협회, 「한국의 자동차산업」, 2000~2004.

2. 선박 건조량 (2004년)

2004년 현재 전 세계의 선박 건조량은 2,477만 4천 CG/T(선박 무게의 단위)에 이른다. 유럽 전체의 선박 건조량을 합쳐도 한국을 따라오지 못한다. 특히 한국은 2004년 세계 LNG선의 70%를 주문 받았다.

한국 1위	일본 2위	중국 3위
831만 9천 CG/T	797만 1천 CG/T	309만 CG/T
(33.6%)	(32.6%)	(12.5%)

출처 : 한국조선공업협회「조선자료집」2004,
Lloyd's Register「World Shipbuilding Statistics」2005.7

3. 교통 사고 사망률 (2004년)

세계보건기구(WHO) 이종욱 사무총장은 "한국의 교통 사고 사망률은 아프리카 수준"이라고 말했다. 이것은 한국의 교통 문화가 양적인 성장에 비해 형편없는 질적 수준을 가지고 있다는 것을 말해 준다.

한국·베네수엘라	미국	일본	영국
10만 명당 22명 (공동 6위)	10만 명당 15명	10만 명당 8명	10만 명당 5명

출처: WHO

자살하는 사람들의 비율이 세계에서 가장 높다는 충격적인 뉴스를 들었다. 더욱이 자살하는 사람 가운데는 사람 간의 따뜻한 정을 느끼지 못해서 외로움과 우울증에 시달리다 죽는 사람이 꽤 많다고도 했다. 교통 통신이 발전하면 사람 사이의 관계도 더 매끄러워져서 화목한 사회가 되어야 하는데 현실은 정반대인 것 같아서 마음이 아팠다.

현실이 이렇게 되는 것은, 현대 사회가 경쟁 사회이다 보니까 교통 통신을 남과 더불어 살기 위한 수단보다는 남을 이기는 수단으로 삼는 사람들이 많아서일 것이다. 그러다 보면 경쟁에서 뒤진 사람들은 더욱 새로운 정보에서 멀어지고 외로워질 것이다.

정보 통신 강국 코리아를 향하여

1. 휴대 전화 보급률
2005년 미국의 한 언론은 "한국은 미래로 가는 타임머신"이라고 표현하며 "미국은 이제 '내 말 잘 들리니' 하는 수준인데, 한국에서는 신호를 받지 못하는 곳이 없다."라고 보도했다.

출처: 『샌프란시스코 크로니클』

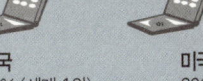

한국 75% (세계 1위)   미국 60%

2. 초고속 인터넷 보급률
정보 통신을 사용하는 분야에서 한국인은 새로운 것을 잘 흡수하는 '얼리 어댑터(early adaptor)'로 알려져 있다. 한국의 초고속 인터넷 보급률은 경제협력개발기구(OECD) 평균인 10.2명보다 2배 이상 많은 수치다.

출처: OECD

한국 (세계 1위) 100명당 24.9명   네덜란드 (세계 2위) 100명당 19명   덴마크 (세계 3위) 100명당 18.8명

3. 자살률
2004년 한 해 동안 자살한 한국인은 모두 1만 1,523명. 하루 평균 32명꼴이다. 우울증이 자살로 이어지는 예가 많아 정보 통신이 양적으로는 발전했지만, 정작 통신의 핵심인 사람들 간의 대화와 의사 소통은 부족해졌다는 모순을 드러내고 있다.

출처: OECD

한국 1위 10만 명당 25.2명   헝가리 2위 10만 명당 22.6명   일본 3위 10만 명당 18.7명   핀란드 4위 10만 명당 18.4명

이런 문제를 없애려면 교통 통신 기술이 더욱 발달해야 할 뿐 아니라 그것을 더욱 많은 사람이 이용하여 최대한 많은 사람이 정보를 함께 나누는 사회가 되어야 할 것 같다.
 선생님은 우리 나라가 20세기 말에 정보 통신 산업을 발전시키면서 'e-코리아'라는 구호를 내걸었는데, 지금은 그것이 'u-코리아'로 바뀌었다고 말씀하셨다. e는 'e-메일' 할 때의 e와 같이 전자를 뜻하는 말로 전자를 활용하는 현대 정보 통신을 가리킨다. 그리고 u란 "언제, 어디서나 있다."라는 뜻의 라틴 어인 '유비쿼터스(ubiqitous)'의 머릿글자이다. 이것은 사용자가 시간과 장소에 구애받지 않고 자유롭게 네트워크에 접속하는 것을 뜻한다고 한다. 유비쿼터스가 이루어지면 집안이나 자동차 안은 물론 산꼭대기에서도 정보를 주고받을 수 있게 될 것이다.
 이처럼 멋진 기술이 현실로 나타나는 u-코리아에서는 모든 사람이 정보와 만나고 서로 의사 소통을 할 수 있는 사회가 되었으면 좋겠다. 그래서 '언제 어디서나' 뿐 아니라 '누구나' 네트워크에 접속하여 서로 마음을 터 놓는 열린 사회가 되었으면 좋겠다. 그것이야말로 수백만 년 동안 인류가 교통 통신을 위해 들여 온 노력이 올바로 결실을 맺는 일일 것이다.

우리는 지금까지 역참, 봉수 등 전근대 교통 통신과 기차, 전화 등 근대 교통 통신을 몇몇 대표적인 시기와 장소를 택하여 체험했다. 두말할 것도 없이 그 시기 앞뒤로도 교통 통신은 끊임없이 발전하고 있었다. 이제 역사 탐험을 마치며 오랜 세월 이어져 온 우리 교통 통신의 역사를 훑어 보자.

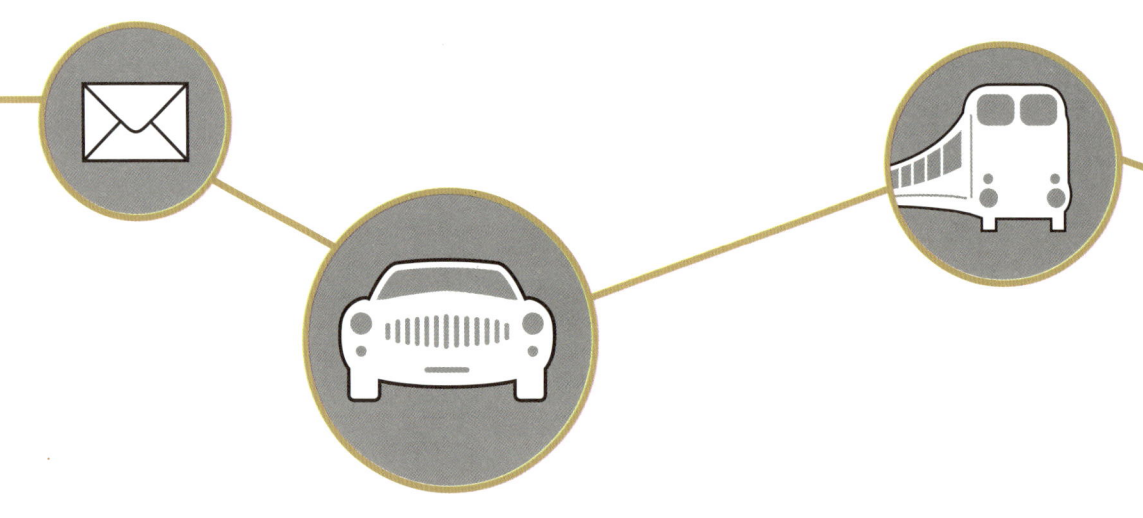

교통
통신의
역사

교통 통신의 역사 ❶
옛날 교통은 어떻게 발전했나?

교통이 한 장소에서 다른 장소로 이동하는 것이라면, 역은 교통이 잘 이루어지도록 도와 주는 휴게소 역할을 하는 곳이다. 역참이란 옛날 역을 가리키는 말이다. 역은 옛날이나 지금이나 먼 길을 가는 사람에게 탈것과 휴식을 제공한다.

그런데 교통은 인류가 생겨날 때부터 있었지만 역은 처음부터 있었던 것은 아니다. 채집과 사냥으로 먹고 살던 구석기 시대 인류는 먹을 것을 찾아 이리저리 떠돌아다녔다. 오랜 세월 동안 인류는 오로지 두 발을 이용해 이동했다. 번듯한 길도 따로 없었다.

그러다 농사를 짓게 될 무렵 인류는 말과 소를 길들여 타고 다니기 시작했다. 그리고 인류 역사상 가장 뛰어난 발명품 중 하나인 바퀴가 등장했다. 바퀴 달린 수레를 말이 끌게 되면서 사람과 물자의 교통은 엄청 늘어나고 훨씬 빨라졌다. 곧 이어 곧고 넓은 길도 생겨났다.

곳곳에 길이 생겨나고 교통량이 늘어나면서 교통의 흐름을 조절하고 관리할 필요가 생기자 역이 등장했다. 수많은 역을 두고 이것을 관리하는 역참 제도는 동서양을 가리지 않고 문명 국가라면 빠짐없이 실시하던 교통 관리 제도였다. 옛 나라들은 역참을 통해 문서도 내려 보내고 세금도 거두어들이며 여러 지방을 통치했다.

경상 북도 경주에서 발견된 5세기 무렵의 신라 토기. 짚을 꼬아 만든 짚신의 모양이 생생하다. 높이 12.5센티미터.

평양시 낙랑 유적에서 나온 고대의 바퀴살.

조선 시대에 눈이 오거나 얼음이 언 지역을 다닐 수 있도록 만든 썰매. 길이 82센티미터.

우리 나라에서도 오래 전부터 역참 제도를 실시했다. 고려 시대에 씌어진 『삼국사기』라는 역사책을 보면 신라 소지왕 때인 서기 487년 "사방에 역을 설치하고 길을 수리하도록 했다"는 기록이 나온다. 고구려에도 역을 두었다는 기록이 남아 있다. 이것으로 보아 늦어도 삼국 시대에는 역참이 제도화되었다는 것을 알 수 있다.

고려는 후삼국 통일 이후 한반도를 하나로 묶는 도로망을 건설하고 역참 제도를 정비했다. 고려가 만든 역참 제도의 틀은 그 다음 시대인 조선 시대까지 그대로 이어졌다. 또 고려 후기에는 유럽과 아시아를 정복한 몽고 제국이 고려에까지 세력을 뻗어 고려의 역참은 유라시아를 잇는 세계 제국의 역참과 연결되었다.

경상 북도 경주 미추왕릉 지구의 항아리 무덤에서 나온 6세기 무렵의 신라 토기. 바퀴가 튼튼해 보여 지금도 무거운 물건을 실어 나를 것 같다. 높이 13 센티미터.

바퀴의 진화

굴대(롤러) — 썰매 — 굴대 위에 썰매 — 굴대에 홈파기 — 굴대와 바퀴 일체 — 자유 바퀴(베어링)

117

교통 통신의 역사 ❷
옛날 통신은 어떻게 발전했나

통신은 사람과 사람 사이에 소식을 주고받는 일이다. 옛날에는 멀리 떨어진 사람에게 편지나 말로 소식을 전했는데 사람이 직접 뛰어가거나 말을 타고 갔다. 그러나 사람이 직접 갈 수 없는 경우가 있을 수도 있다. 급하다든가, 가는 길이 막혀 있다든가, 남이 알면 안 된다든가……. 이때 옛날 사람들은 북을 치거나 연을 날리거나 불화살을 쏘아 올렸다. 물론 북소리의 크기와 길이, 연의 모양과 색깔 등에 서로 통하는 약속을 미리 해 두었다.

□ **역참 제도**
우역(郵驛)으로도 불린 역참 제도는 교통 제도일 뿐 아니라 통신 제도였다. 국가 행정을 위한 문서의 전달은 역참을 통해 이루어졌기 때문이다. 문서를 전달하는 통신 방식은 동서양을 가리지 않고 역참 제도를 거쳐 근대의 우편 제도에 이르렀다.

□ **봉수 제도**
북소리나 연은 아주 먼 곳에서는 들을 수도 볼 수도 없다. 이런 문제점을 단번에 해결하는 기막힌 통신 방법이 바로 봉화였다. 산맥을 타고 이어지는 산봉우리마다 미리 약속한 방식으로 불을 피워 올리면 먼 곳에

| 선박의 신호 |

선박과 선박 사이의 교신뿐만 아니라 선박과 항공기, 선박과 육상 신호소 사이의 교신에도 사용되는 신호 체계. 국제적으로는 1857년 영국에서 국제통신서를 발간한 것이 계기가 되어 널리 사용하게 되었다.

서 일어나는 일도 금방 알 수 있었다. 중국의 만리장성에도 있었던 봉화는 옛날 통신의 꽃이라고 해도 지나친 말이 아니다.

우리 나라는 산이 많은 데다가 통일 신라 이후 오랫동안 중앙집권적 통일 국가였기 때문에 봉화 제도를 완벽하게 갖추었다. 봉수 제도에 관한 기록은 1123년 송나라 관리 서긍이 쓴 『고려도경』에 상세히 적혀 있다. 송나라 사신이 고려에 입국할 때마다 배가 흑산도에 들어서면 야간에는 산꼭대기 봉수에 차례차례 불을 밝혀 개경의 왕성까지 인도했다고 기록되어 있다.

이러한 고려의 봉수 제도는 조선에 그대로 이어져 더욱 체계적으로 시행되었다. 봉화를 피워 올리던 산봉우리마다 지금은 전파 중계소를 둔 것만 보아도 우리 나라 봉화가 얼마나 과학적이었는지 알 수 있다.

□ 파발 제도

그런데 이런 봉화 제도도 조선 시대에 임진왜란(1592~1598년)과 병자호란(1636~1637년) 같은 큰 전쟁을 겪는 동안 관리가 소홀해지면서 못 쓰게 되었다. 그러면서 국경에서 일어난 급한 소식을 사람이 직접 말을 타고 달려가 알리는 파발 제도가 봉화를 대신하게 되었다. 이러한 파발 제도는 역참 제도를 통신 위주로 활용한 것이다.

봉화와 파발은 19세기 말 근대적 통신 수단이 밀려들 때까지 조선의 기본적인 통신 제도로 이용되었다.

화성 봉돈

교통 통신의 역사 ❸
근대 교통은 어떻게 발전했나?

옛날에 수레는 사람이나 말이 끌고 배는 사람이나 바람이 움직였다. 새처럼 하늘을 나는 것은 아직 꿈이었다. 이것을 확 바꾸어 놓은 것이 증기 기관과 내연 기관이었다. 그것은 사람이 연료만 공급해 주면 저절로 돌아가면서 거대한 쇳덩어리를 땅 위로, 물 위로, 하늘 위로 끌고 다니는 마법의 장치들이었다. 1769년 영국의 와트가 개발한 증기 기관과 1867년 프랑스의 르느와르가 발명한 내연 기관 덕분에 이전에는 한두 사람만 이용하던 교통 수단을 수많은 사람이 동시에 이용하는 시대가 열렸다.

□ **땅 위를 달리고 - 기차와 자동차**

1814년 영국의 스티븐슨은 증기 기관을 이용하여 철길 위를 움직이는 증기 기관차를 만들었다. 1825년에는 석탄과 화물을 실은 기차가 영국의 스톡톤과 다링톤 사이의 40킬로미터 구간을 시속 16킬로미터로 달렸다. 그 후 내연 기관이 등장함에 따라 디젤로 움직이는 기관차가 나타나고 전기 철도가 깔리기 시작하면서 철도 교통의 시대가 활짝 열렸다. 우리 나라를 처음 달린 기차는 경인선 증기 기관차로 1899년 개통했다.

내연 기관을 활용한 교통 수단의 대표는 자동차이다. 내연 기관을 발전시켜 오늘날처럼 가솔린을 연료로 사용하도록 한 사람은 독일 사람 다이믈러였다. 그의 가솔린 기관은 1885년 독일의 벤츠가 만든 세계 최초의 자동차에 장착되었다. 이 자동차는 그 당시에는 일부 부자들만 타고 다니는 사치품이었을 뿐이고 자동차의 대중화를 앞당긴 사람은 미국의 포드였다. 1914년 포드 공장에서 컨베이어 벨트를 따라 T형 포드라는 자동차가 대량 생산되면서 인류 앞에는 본격적으로 자동차와 석유의 시대가 열렸다. 우리 나라에 처음 들어온 자동차는 대량 생산이 이루어지기 전인 1903년산 포드 자동차였으며 고종 황제가 수입하여 사용했다.

사람이 움직이는 탈것, 가마
고종이 타고 다니던 가마.

▫ 물 위를 달리고 - 기선

1786년 미국의 럼지는 증기 기관으로 움직이는 기선을 처음 개발했다. 그러나 19세기 후반까지는 항해선의 대부분이 수백 톤의 나무로 만든 돛단배였다. 20세기에 들어서면서 수천 톤의 쇠로 만든 기선이 세계의 강과 바다를 누비게 되었다. 우리 나라에서는 1883년 조선 정부의 고문이 된 독일인 묄렌도르프가 영국계 회사 이화양행과 계약을 맺고 일본 나가사키와 부산, 인천을 거쳐 중국 상해까지 가는 660톤 급 기선 남승호를 최초로 취항시켰다.

▫ 하늘을 날고 - 비행기

인류가 오랫동안 개발해 온 비행 물체에다 가솔린 기관을 달고 1903년 최초로 비행에 성공한 사람은 미국의 라이트 형제였다. 당시 비행 시간은 12초, 비행 거리는 38미터였다. 그 후 10년 만에 비행기의 성능은 시속 204킬로미터, 비행 거리 1,021킬로미터에 이르게 되었다. 1939년에는 독일 비행기가 오늘날과 같은 제트 엔진을 달고 하늘을 날기 시작했다. 우리 나라 최초의 비행사는 1921년 일본에서 비행사 시험에 합격한 안창남으로 1922년 고국의 하늘에서 첫 비행을 선보였다.

기계가 움직이는 탈것, 자동차
고종 어차(아래)와 같은 종류의 초창기 포드 자동차.

고종 어차
1903년 미국 공관을 통해 의전용으로 들어온 우리 나라 최초의 자동차.

교통 통신의 역사 ❹
근대 통신은 어떻게 발전했나?

봉수 제도는 효율적인 통신 제도였지만 군사적인 용도로만 쓰였다. 오랫동안 민간 통신은 사람이 직접 전하는 방식에서 벗어나지 않았다. 근대 통신은 국가의 통신망을 개인도 손쉽게 이용할 수 있는 제도를 마련하는 데서 시작되었다. 그리고 근대 과학 기술의 발전에 따라 전기 현상을 통신에 이용하게 되면서 이전과 비교할 수 없는 속도로 많은 양의 정보를 주고받는 시대가 열렸다.

우표가 등장하면서 일반인도 국가의 허락 없이 우체국을 통해 편지나 물건을 보낼 수 있게 되었다.

□ 우편

1840년 영국의 힐은 전국 어디든지 똑같은 요금으로 우편 서비스를 제공하는 근대 우편 사업을 처음으로 시작했다. 이때 사용된 우편 요금 증명서가 바로 우표였다. 근대 우편의 가장 큰 특징은 국가 기관이나 특권층만 이용할 수 있던 우편 제도를 보통 사람들도 통신 내용의 비밀을 보장 받으면서 활용할 수 있게 되었다는 것이다. 우리 나라에서는 1884년 최초의 우체국인 우정국이 문을 열고 우편 사업을 시작했고, 1900년에는 스위스 베른에 있는 만국 우편 연합에 가입하여 외국과도 우편물을 교환하게 되었다.
1990년대부터 널리 쓰이는 이메일은 주소가 있는 사람들이 편지를 주고 받는다는 점에서 컴퓨터 망을 이용한 초고속 우편이라고 할 수 있다.

1930년대에 사용되던 전화기. 귀에 대는 수화기와 입에 대는 송화기가 분리되어 있다.

전신 · 전화

전기나 전자기 현상을 이용하여 정보를 주고 받는 전기 통신은 통신의 속도를 전파의 속도로 끌어올렸다. 이것은 한 장소에서 일어난 일을 멀리 떨어진 장소에서도 동시에 알 수 있게 됐다는 뜻이었다.

전기 통신이 가능해진 것은 1831년 영국의 패러데이가 전자기 유도 현상을 발견하면서부터였다. 이듬해 독일의 실링은 이 현상을 이용해 먼 곳으로 전기 신호를 보내고 이를 문자로 바꾸어 읽도록 하는 전신기를 세계 최초로 만들었다. 전신이 실제로 성공한 것은 1844년 미국의 모스가 워싱턴과 볼티모어 사이에서 성공시킨 교신이었다. 이때 모스가 만든 전신 부호는 우리 나라를 비롯한 전 세계에서 널리 쓰이게 되었다.

전기 현상을 통해 그림을 보내는 팩시밀리는 꽤 시간이 흐른 다음에 나온 것 같지만, 사실은 모스의 전신 실험이 성공하기 1년 전인 1843년 영국의 베인에 의해 발명되었다.

전기를 통해 소리를 보내는 전화가 발명된 것은 1876년 미국의 벨에 의해서였다. 이듬해 미국의 발명왕 에디슨은 탄소 전화기로 전화기를 개량했으며, 1879년에는 영국 런던과 프랑스 파리 사이에서 국제 전화가 이루어지기 시작했다.

우리 나라가 가장 먼저 받아들인 근대 문물 가운데 하나도 전기 통신이었다. 우리 나라는 우정총국이 문을 연 다음 해인 1885년 서울~인천, 서울~의주 사이에 처음으로 전신을 가설했다. 전화기는 1882년 무렵에 처음 들어와서 1898년에는 궁궐에서 관공서용으로 쓰이기 시작했다. 우리 나라의 근대화가 무척 늦었던 것 같지만, 사실은 이렇듯 세계 최초의 근대 통신과 우리 나라 최초의 근대 통신 사이에는 시차가 얼마 나지 않았다는 것을 알 수 있다.

일제 강점기 경성 우체국

【찾아보기】

ㄱ

가마 _ 81, 120
가솔린 기관 _ 120
가쇄 우표 _ 97
갑신정변 _ 96, 98
강남구 _ 63
강릉 _ 21
강원도 _ 21, 47, 61
강화도 _ 33, 75
개경 _ 14, 15, 16, 17, 19, 20, 24, 29, 30, 34, 97
개경 나성 _ 16
개성 _ 26, 108
개항장 _ 73
개화파 _ 69
거화 _ 48
경기도 _ 21, 26, 27, 47, 69, 89
경봉수 _ 49
경부선 _ 72, 84
경상도 _ 21, 78
경상 북도 _ 40, 116, 117
경성 _ 21, 44, 54
「경성내우정집신분전구역도」_ 101
경운궁 _ 87, 94, 96
경의선 _ 63, 84
경인선 _ 68, 70, 72, 75, 79, 84, 87, 90, 92, 101
경인철도인수조합 _ 72
경인철도합자회사 _ 70
경주 _ 21
경주 _ 40, 116, 117
경흥(부) _ 52, 54, 58, 59, 60, 63, 65
경희궁 _ 76, 87
고구려 _ 25, 53, 117

고구려 벽화 _ 25
고려 _ 14, 15, 16, 17, 20, 21, 22, 25, 26, 27, 29, 30, 31, 32, 33, 35, 36, 38, 42, 45, 49, 53, 55, 56, 63, 74, 101, 105, 108, 117
『고려도경』_ 119
고려의 술병 _ 28
고려의 침통 _ 28
고려 인삼 _ 35
고속도로 _ 85
고속철 _ 9, 11, 13, 14, 73, 82, 85, 105, 108, 109
고종 (황제) _ 69, 79, 83, 86, 89, 90, 91, 92, 93, 96, 120
고종 어차 _ 121
관(館) _ 27
관부 연락선 _ 84
관역사 _ 17, 18, 20, 21, 23, 24
광화문 _ 76
광화문우체국 _ 106
교통 강국 코리아 _ 110
교통 사고 _ 83
교통 사고 사망률 _ 110
구리시 _ 89
구석기 시대 _ 116
구파발 _ 60, 63
궁내부 _ 87, 96
금교역 _ 19, 24, 30, 35, 36
금나라 _ 33
금령총 _ 40
기발 _ 60, 61, 62, 65
기별(지) _ 64
기선 _ 41, 121
길도우미 _ 9

김구 _ 92, 93, 94
김대흥 (봉수장) _ 45, 47, 48, 51, 55, 57, 59
김덕린 _ 35
김창수 _ 92
김천 _ 31, 32, 33, 34, 35, 56, 63, 105
김학우 _ 95

ㄴ

나선 _ 57
나주 _ 21
낙랑 (공주) _ 53
남경 _ 19
남대문 정거장 _ 68
남로 _ 65
남병사 _ 54
남산 _ 49
남승호 _ 121
남원 _ 103
낭백흥 _ 58, 59
낭화 _ 48
내비게이션 _ 8
내연 기관 _ 109, 120
내지봉수 _ 49
네트워크 _ 113
노 _ 40
노걸대 _ 37
노량진 (정거장) _ 68, 69, 74, 76
논 한 마지기 전차 _ 78
농상공부 _ 96

ㄷ

다루가치 _ 36, 38, 56
다이믈러 _ 120

대도 _ 38, 39
대한 민국 _ 96
대한 제국 _ 66, 69, 72, 79, 82, 83, 84, 87, 89, 92, 95, 96, 97
덕률풍 _ 88, 90, 94
덕수궁 _ 87
도원역 _ 19
『독립신문』 _ 69, 73, 76
독일 _ 13, 72, 75, 120, 121, 123
돈의문 _ 76, 78, 97
동구릉 _ 89
동대문 _ 76, 77, 79, 80
동래 _ 65
『동방견문록』 _ 39
동유럽 _ 39
동해(안) _ 57
돛 _ 40
두만강 _ 42, 44, 45, 50, 51, 52, 54, 57
디젤 기관차 _ 85
뗏목 _ 40, 57

ㄹ

라이트 형제 _ 121
러시아 _ 45, 50, 55, 56, 57, 58, 59, 60, 72, 75, 87
런던 _ 123
럼지 _ 121
로마 _ 90
로마 교황 _ 39
르느와르 _ 120

ㅁ

마구간 _ 16, 23
마력 _ 70

마르코 폴로 _ 39
마산역 _ 26
마차 _ 81
마패 _ 18, 20, 61
마포 _ 41
만국우편연합 _ 122
만리장성 _ 118
만주(족) _ 50, 55, 72
말 _ 16, 22, 23, 24, 26, 40, 50, 60, 61, 63, 64, 74, 116
말똥 _ 49
말죽거리 _ 63
망덕산 (봉수대) _ 44, 46, 47, 54, 59, 86
명나라 _ 55, 65
명성 황후 _ 79, 93
모걸 기관차 _ 70
모로코 _ 39
모스 _ 72, 95, 123
모스 부호 _ 95
모스 전신기 _ 95
모스크바 _ 38
목멱산 _ 49
목포 _ 65
몽고 (제국) _ 17, 30, 31, 32, 35, 36, 38, 39, 55, 56, 117
몽고어 _ 36, 38
몽고어 회화집 _ 37
묄렌도르프 _ 121
무이진 _ 42, 44, 45, 46
문위 우표 _ 97
물레방아 _ 41
미국 _ 41, 69, 70, 75, 79, 93, 95, 108, 120, 121, 123
미추왕릉 _ 117

ㅂ

바그다드 _ 38
바다 _ 40
바퀴 _ 116, 117·
바투 _ 39
발군 _ 61, 63
방화장 _ 46
배 _ 40, 41, 52, 103
배다리 _ 69
『백범일지』 _ 93
베른 _ 122
베이징 _ 38
베인 _ 123
벤츠 _ 120
벨 _ 88, 123
벽란도 _ 19
별원 _ 28
병자호란 _ 45, 62, 119
보루 _ 44
보발 _ 60, 61, 65
보초 _ 30
봉(烽) _ 44, 48
봉대 _ 46
봉돈 _ 46
봉수(대) _ 42, 43, 44, 45, 46, 47, 49, 53, 55, 57, 59, 61, 65, 86, 114, 118, 122
봉수장 _ 45, 46, 47, 51, 52, 55, 56, 105
봉화 _ 42, 44, 46, 48, 50, 52, 53, 59, 105, 108, 118, 119
부사 _ 52, 56, 57, 58, 60
부산 _ 13, 84, 85, 121
북경 _ 62
북로 _ 65

북로 _ 65
북병사 _ 54, 55, 59, 60, 61, 62
북병영 _ 61, 68
북한 _ 51
불교 _ 45
블라디보스톡 _ 57
비행기 _ 103

ㅅ

사도세자 _ 69
사선 _ 40
산예역 _ 19
삼국 시대 _ 25, 117
『삼국사기』_ 117
『삼국유사』_ 53
삼전도 _ 55
삼지연군 _ 51
상방하교 _ 63
상서성 _ 17
상주 _ 21
새마을호 _ 85
색간지 _ 103
서구 열강 _ 45
서긍 _ 119
서대문 _ 76
서로 _ 62, 63, 65
서봉 봉수대 _ 59
서역(인) _ 36
서울 지하철 _ 60, 63
서울(시) _ 13, 19, 21, 26, 59, 61, 62, 63, 64, 66, 75, 79, 80, 82, 83, 84, 85, 86, 93, 95, 96, 97, 98, 99, 101, 103, 106, 108, 123
서울역 _ 14, 68

서원현 _ 24
서유럽 _ 39, 57
선교사 _ 69
선박 건조량 _ 110
선박 통행증 _ 41
선사 (시대) _ 40
선조 _ 62
소지왕 _ 117
송나라 _ 119
수(燧) _ 44, 48
수레 _ 25, 40, 70, 116, 120
수레 모양 토기 _ 117
수령 _ 52
수원 화성 _ 59
스위스 _ 122
스티븐슨 _ 83, 120
승정원 _ 64
시모노세키 _ 84
시외 전화 _ 93
신기전 _ 53
신라 (시대) _ 25, 40, 116, 117
신의주 _ 84
신칸센 _ 85
신호 연 _ 53
실링 _ 123
쌍화 _ 30
썰매 _ 117
쓰지다 _ 92

ㅇ

아관파천 _ 87
아라사 _ 57, 58
아시아 _ 17, 55, 71, 117
아차산 (봉수대) _ 47, 61

127

아편전쟁 _ 55
안압지 _ 40
안주 _ 21
안창남 _ 121
알파넷 _ 55
암행어사 _ 29
압록강 _ 30, 36, 50, 62, 84
양강도 _ 51
양광도 _ 20
양주 _ 47
에디슨 _ 123
에스파냐 _ 13
여진어 _ 36
역 _ 27, 39, 61, 116, 117
역삼동 _ 63
역원 _ 27
역자 _ 36
역졸 _ 18, 21, 23, 24, 29, 30, 109
역참(로) _ 14, 15, 16, 21, 25, 29, 31, 36, 38, 39, 40, 47, 56, 61, 62, 63, 64, 74, 101, 114, 116, 117
역촌 _ 63
연굴 _ 46
연변봉수 _ 46, 49
연소실 _ 46, 49
연안 부두 _ 75, 92, 93
연통 _ 49
연해주 _ 50, 55, 57
영국 _ 55, 71, 75, 83, 120, 121, 122, 123
예빈성 _ 36
오고타이 _ 39
5도양계 _ 20
오류동 _ 101

「오륜행실도」_ 35
오원 _ 45, 47, 50, 51, 52, 55
오장 _ 45
온성읍 _ 51
와트 _ 120
와트슨 _ 88
왕건 _ 17
외륜 _ 41
요양 _ 31, 33, 34
용산 _ 84
우정총국 _ 96, 101, 123
우체국 _ 18, 96, 98, 99, 100, 102
우체사 _ 96
우체통 _ 98, 99, 103
우편 _ 66, 96, 98, 101, 122
우표 _ 97, 98
원(院) _ 26, 27
원나라 _ 15, 30, 31, 32, 33, 34, 35, 36, 38, 39, 55, 63
원주 _ 21
유라시아 (대륙) _ 39, 85
유럽 _ 17, 39, 117
유비쿼터스 _ 113
유학 _ 45
윤수봉 _ 60, 61
은평구 _ 63
의주 _ 19, 36, 62, 63, 65, 123
이규보 _ 25
이리 (똥) _ 48, 49
이메일 _ 109, 122
이몽룡 _ 103
이븐 바투타 _ 39
이석영 _ 52, 54, 55, 57, 58, 59, 60
이성계 _ 45

이양선 _ 50
이익 _ 25
이집트 벽화 _ 40
이탈리아 _ 39
이화양행 _ 121
인도 _ 71
인력거 _ 81, 83
인정(人定) _ 82
인조 _ 55
인천(항) _ 41, 70, 73, 74, 75, 92, 93, 94, 95, 96, 101, 121, 123
인터넷 _ 8, 55, 103, 108, 109, 110
일본 _ 13, 55, 59, 65, 72, 78, 81, 84, 85, 87, 92, 93, 95, 121
일본어 _ 36
일부인 _ 99
일연 _ 53
일장기 _ 70
일제 강점기 _ 70, 82, 83
1차 세계화 _ 31
임진강 _ 26
임진왜란 _ 45, 59, 61, 62, 65, 119
입헌 군주제 _ 69

ㅈ

자동차 _ 85, 103, 120
자동차 생산량 _ 110
자명고 _ 53
자살률 _ 111
자전거 _ 69, 73
잠 _ 39
집안 _ 99
장단 _ 19
전기 통신 _ 95, 123

「전기론」 _ 95
전라도 _ 18, 21, 65
전보 _ 95
전신 _ 65, 95, 123
전주 _ 21
전차 _ 66, 76, 77, 78, 79, 80, 81, 82, 83, 87
전철 _ 85
전화 _ 65, 66, 86, 87, 88, 89, 90, 91, 93, 94, 95, 105, 114, 122, 123
전화 조문 _ 89
정보 통신 강국 코리아 _ 111
정보 통신의 날 _ 96
정자 수레 _ 25
정조 _ 59, 69
제물포 정거장 _ 75
제주도 _ 22, 49
제트 엔진 _ 121
조 대비 _ 89
조공 _ 69
조기 경보 체제 _ 53
조보 _ 64
조선 (시대) _ 20, 21, 25, 29, 35, 37, 42, 45, 47, 49, 55, 57, 58, 59, 63, 64, 65, 66, 69, 72, 75, 82, 92, 95, 105, 117
조운선 _ 40, 42
종로 _ 80, 83
종루 _ 82
주화(走火) _ 53
중국(인) _ 30, 33, 36, 37, 50, 51, 53, 55, 57, 62, 63, 118, 121
중국어 _ 36, 37, 38
증기 기관 _ 41, 120, 121
증기 기관차 _ 3, 84, 109

증기선 _ 41
지원통행보초 _ 30
집배원 _ 98, 99, 100, 101, 101
징 _ 22
짚신 (장수) _ 81, 116
짚신 모양 토기 _ 116

ㅊ

참(站) _ 61, 63
철도 _ 66, 68, 71, 72, 75, 84, 85, 103, 120
철도사 _ 72
철선 _ 41
철종 _ 59
첨의부 _ 17, 19
청교역 _ 14, 16, 18, 19, 20, 26, 30, 36, 97
청나라 _ 50, 55, 56, 57, 58, 62, 69, 72, 87, 95
청량리 _ 78, 79
청어노걸대판 _ 37
청주 _ 21
체전부 _ 98, 105
초고속 인터넷 보급률 _ 111
최한기 _ 95
『춘향전』 _ 103
충렬왕 _ 34
충주 _ 21
충청 남북도 _ 20
충청도 _ 18, 20
치고(馳告) _ 52

ㅋ

콜럼비아 대학 _ 93
콜브란 _ 79
쿄토 전차 _ 78

ㅌ

태극 우표 _ 97
태극기 _ 70
태조 왕건 _ 17
통근 전차 _ 83
통나무배 _ 40
통문관 _ 36
통사 _ 36, 37, 38, 56
통신국 _ 96
통신원 _ 99
통일 신라 _ 17
통일 신라 _ 118
티베트 불교 _ 36

ㅍ

파리 _ 123
파발 _ 42, 43, 44, 54, 60, 61, 62, 63, 65
파주(시) _ 24, 26, 27, 108
판옥선 _ 40
패러데이 _ 122
팩시밀리 _ 95, 123
편지 _ 96, 97, 98, 99, 100, 103, 109, 118
평양 _ 21, 36
평주 (역) _ 36, 42
포드 _ 120
폴란드 _ 39
표트르 대제 _ 57
풀턴 _ 41

프랑스 _ 13, 69, 72, 120, 123
프로펠러 _ 41
플라노 카르피니 _ 39

ㅎ

하방하교 _ 63
한강 _ 51, 55, 66, 69, 75, 81, 93
한강 철교 _ 68
한국 _ 85
한국 전쟁 _ 85
한성우체사 _ 96, 97, 102, 107
한성전기회사 _ 79
한성전화소 _ 94
한양 _ 60, 61
한참 _ 63, 64
함경 남도 _ 54
함경도 _ 21, 44, 47, 54, 60, 86, 108
함경 북도 _ 54
함흥 _ 21
항공기 _ 109
항공 우편 _ 103
「해동팔도봉화산악지도」_ 47
해주 _ 21
행군만호명 도장 _ 20
행낭 _ 18
현종 _ 89
헝가리 _ 39
혜경궁 홍씨 _ 69
혜음령 _ 26
혜음사 _ 28
혜음원 _ 26, 27, 28, 30, 108
호동 왕자 _ 53
호인(胡人) _ 50
호족 _ 20

혼춘 _ 57
홍릉 _ 79
화륜(火輪) _ 70
화륜거 _ 70, 74
화성 _ 59, 69
화약 _ 53
황제 _ 69, 86, 88, 90, 91, 92, 93
황주 _ 21
황포 돛대 _ 41
황해도 _ 21
효종 _ 57
후삼국 _ 17, 117
휴대 전화 _ 9, 11, 82, 94, 105, 108, 110
휴대 전화 보급률 _ 111
흥인지문 _ 77
흥화문 _ 87
힐 _ 122

자료 제공

타이틀_이현주 / 아바타 디자인_김보연 / 8 교통 통신 역사 탐험을 떠나며_기영란 / 15 고속철 역_이미지클릭 / 16 개경 나성_『조선유적유물도감』 / 18 행낭_전쟁기념관 / 20 행군만호명 도장_국립청주박물관 / 22 조영석 말 징 박는 그림_국립중앙박물관 / 25 수레 모양 토기_국립중앙박물관·디 아모레 뮤지움, 「수레바퀴 신」·「소가 끄는 수레」_『조선유적유물도감』 / 27 혜음원 터_홍영의 / 28 고려 술병과 침통_국립중앙박물관 / 30 몽고 지폐_『華河の道』 / 32 패자_『世界の歷史』 / 33 정복지 백성을 납치하는 몽고군_ Genghis Khan & the Mongol Conquests 1190-1400 / 37 청어노걸대판_국립민속박물관 / 40 황포돛대_국립민속박물관, 배 모양 토기_국립중앙박물관, 안압지 배_국립경주박물관, 네덜란드 상선도_『항해와 표류의 역사』/ 41 한강 여객선_『한민족의 젖줄, 한강』, 선박허가증_국립민속박물관, 기선_이미지클릭 / 46 남산 봉수대_시몽 / 47 「해동팔도봉화산악지도」_고려대학교도서관·고려대학교박물관 / 51 두만강_조선포토뱅크 / 53 신기전_전쟁기념관, 신기전 발사 장면_『우리 나라의 전통 무기』 / 57 블라디보스톡_박철민 / 61 마패_국립고궁박물관 / 62 구파발역_시몽 / 64 조보_국민대학교박물관 / 68 「정조대왕능행도병풍」_국립고궁박물관 / 72 초기 기관차_시몽 / 75 인천항_『사진엽서로 떠나는 근대 기행』 / 78 초기 전차_시몽 / 82 전차 거리_『사진으로 보는 근대한국(상)』/ 84~85 철도 100주년 기념우표_홍영의, 증기 기관차·디젤 기관차_시몽, 고속철_이미지클릭, 검표기·레일과 바퀴·회중 시계_『열차-비주얼박물관』, 승차권_『철도와 20세기 우리의 삶』 / 88 세계 최초의 전화_『인류의 발명품』 / 89 대한제국 전화기_국립민속박물관 / 92 백범 김구 심문 기록_백범기념관 / 93 『백범일지』_백범기념관 / 95 전화_서울역사박물관, 모스 전신기_『전기-비주얼박물관』, 전신줄이 가득 찬 거리_『사진으로 보는 근대한국(상)』/ 96 근대 엽서_국립민속박물관 / 97 우표들_『우표가격도록』 / 98 조선 시대 우체통_우정박물관 / 99 잡안·일부인과 도장들_우정박물관 / 101 「경성내우정집신분전구역도」_우정박물관 / 103 색간지·편지_국립민속박물관 / 106 광화문우체국_시몽 / 112 유비쿼터스 이미지_이미지클릭 / 116~117 짚신 모양 토기·수레 모양 토기_국립경주박물관, 수레바퀴살명기_국립중앙박물관, 썰매_국립민속박물관 / 118 화성 봉돈_시몽, 120~121 가마_국립고궁박물관, 포드 자동차_춘천 애니메이션 박물관, 고종 어차_한국자동차공업협회, 초기 비행기_『항공기-비주얼박물관』 / 122 우표들_『우표가격도록』, 전화기_서울역사박물관, 경성우체국_『사진으로 보는 근대한국(상)』

* 웅진주니어는 이 책에 실린 모든 자료의 출처를 찾기 위해 최선을 다했습니다.
누락이나 착오가 있으면 다음 쇄를 찍을 때 꼭 수정하도록 하겠습니다.